365일 당신의 마음을 위한 시

뺏지마오(잠16:32)

365일 당신의 마음을 위한 시

빽지마오(잠16:32)

초판 1쇄 인쇄 | 2019. 5. 30
초판 1쇄 발행 | 2019 5. 30
지은이 | 박의준
책임교정 | 이지선
펴낸이 | 정신일
펴낸곳 | 크리스천리더
편 집 | 이지선
교 정 | 이시온, 성주희
일부 총판 | 생명의 말씀사 (02) 3159-7979
등 록 | 제 2-2727호(1999. 9.30)
주 소 | 부천시 원미구 중동 1289번지 팰리스카운티
아이파크상가 3층 311호
전화 | (032) 342-1979
팩스 | (032) 343-3567
도서 출간 상담 | E-mail:chmbit@hanmail.net
Homepage | cjesus.co.kr

ISBN : 978-89-6594-281-8 (03230)
정가 : 13,000원

365일 당신의 마음을 위한 시

뺏지마오

박의준 지음

CLS 크리스천리더

차례

추천의 글

잔잔한 호수 위에 보잘 것 없는 나룻배 떠 있습니다.

바람 불지 않고 파도치지 않으니 잔잔합니다.

바람 불고 파도가 치면 나룻배는 심하게 요동할 것입니다.

부서지거나 뒤집어 질수도 있습니다.

내 인생의 평안함 내게 있지 않습니다.

인생에도 바람이 불고 파도가 칩니다.

인생에 부는 바람으로 내 마음 갈대와 같이 흔들리고 거친 파도로 인해 휘청거릴지라도 뒤집혀지지 않는 것은 하나님이 붙들고 계시기 때문입니다.

지키지 않으면 빼앗기는 것들이 있습니다. 아무리 지키려 해도 마음이 연약하여 뜻대로 되지 않을 때도 있습니다.

그러나 여기, 하나님 마음을 알기에 그 마음을 지키며 살아가는 한 젊은이가 있습니다.

그 젊은이의 마음에 새겨진 하나님의 말씀,

"모든 지킬 만한 것 중에 더욱 네 마음을 지키라 생명의 근원이 이에서 남이니라"(잠4:23)

목마른 사슴 박의준을 축복합니다.

그가 지키고자 했던 마음들을 매일 한 편씩 365편에 담았습니다. 그는 말이 아니라 말씀과 기도, 삶으로 지키려 했습니다. 저는 목격했고 그 삶의 증인입니다. 말씀이 삶이 되고, 삶이 말씀이 되는 그 순간까지 마음 지키며 살아가길 축복합니다.

사랑하는 믿음의 아들 박의준에게 하나님 말씀 삼행시로 용기를 주며 격려하고 싶습니다.

박

그러므로 내가 그리스도를 위하여 약한 것들과 능욕과 궁핍과 **박**해와 곤고를 기뻐하노니 이는 내가 약한 그 때에 강함이라 (고후 12:10)

의

내가 주를 의뢰하고 적진으로 달리며 내 하나님을 **의**지하고 성벽을 뛰어넘나이다 (삼하 22:30)

준

노아가 그와 같이 하여 하나님이 자기에게 명하신 대로 다 **준**행하였더라 (창 6:22)

수원화평교회 담임 천준호 목사

서문

이 시집은 당신의 마음을 위한 것입니다.

물론, 개인의 마음을 분주한 일상 속에 기록하며
쉼을 얻은 것들이지만 개인을 둘러싼 온 세상과 함께
기록한 우리의 마음입니다.
그러니 당신의 마음을 위한 것입니다.

다만, 우리의 마음이 세상 안에만 갇혀있고 싶지
않았다는 것을 유념해주시길 바랍니다.
저 높은 곳, 하늘을 바라보며 기록했습니다.

그냥 읽으셔도 괜찮습니다.
그러나 하늘을 바라볼 때 이해되는 기록들이
있을 것입니다.

부디 하늘 아래 사는 인생 속에서 마음을 지킴으로
그 어떤 용사보다 강하고 담대하게 살아가시길
바라고 기도합니다.

'뺏지마오' 라고 하는 이 책의 제목과 같이
영원하지 않은 것들에 마음을 빼앗기지 않고
견고하게 지켜나가길 바랍니다.

그리고 욕심을 가지고 한 가지 더 바라는 것은
우리 마음 안에서 우릴 너무나도 사랑하시는 그 분을
맞아들이시기를 축복합니다.

목마른 사슴 박 의 준

1월 January

사랑의 꿈

새해부터 넘어졌다

대나무는 하늘을 향한다.
위로 뻗고자 애쓴다.

그러다
점점 옆으로 기울어지더니
바닥에 고꾸라져 버렸고

땅에 머리를 막은 채로
하늘 너머를 바라본다.

내가 나에게

당신은 기쁘다 라는 감정을 아세요?
당신은 기쁘다 라는 마음을 아세요?
당신은 기쁘다 라고 느끼는
자기 자신을 찾을 수 있어요?

제가 오늘 창문 밖의 창문을 봤는데
밖에 있는 창문들이
모두 자신을 감추고 있어요.

은밀한 모습들을 감추고 있거든요.
그래서 저도 창문으로 창문을 바라보고 있어요.

창문이 있어서 참 다행인건가요? 하하..

폭풍과 고요

좋은 사람이 되고 싶다는 말은
어설프다고 생각했다.
올바른 사람이 되고 싶었다.
그래서 올바른 말로 나를 채찍질했다.
내가 틀리는 것이 나를 괴롭게 했다.
옳지 못한 삶이 날 떠나지 않더라.

올바른 사람이 되고 싶다는 말은
모순이라고 생각했다.
올바른 것을 향하는 사람이 되고 싶었다.
그래서 부족함을 인정하며 지향했다.
하지만 올바른 것이 뭔지 알 수 없었다.
내가 올바른 것을 향할 수 없더라.

올바른 것을 향하는 사람이 되고 싶다는 말은
불가능하다고 생각했다.

나를 올바른 것에 맡기는 사람이 되고 싶었다.

그래서 올바른 것에게 배워가기로 했다.
내가 알 수 없는 길이었고,
원하던 길이 아니었다.
그리고 그 끝도 아직은
올바른 것인지 알 수 없더라.

올바른 것에 맡기는 사람이 되고 싶다는 말은
불안하다고 생각했다.
올바른 것이 날 이끌어감을 확신하는 사람이
되고 싶었다.
그래서 난 여전히 알 수 없다.

가끔은 의문이 들고, 자괴감에 빠지기도 한다.
그런데 날 확신하게 하는 확신이
날마다 일으켜주더라.
그리고 난 지금 그 확신 속에 고요하다.
또 다시 폭풍과 고요가 찾아오길 기다린다.

근거

도취된다.

지금 느끼는 이 감정선.

지금 느끼는 이 생동감.

벗어날 수 없는 무게감.

온 몸에 휘감아진 떨림.

내가 나를 다스릴 수 없음에도,

이에 대하여 떠나고 싶지 않다.

뜨거운 눈물이 흘러내림으로

나의 체온을 식혀주고

본래의 나로 되돌아오고자

발버둥 치는 내 본성을 소멸하며

활력을 높여가는 신비의 불이

물 흘러가듯 내 영혼을 지배한다.

엎드려 구하기를 '놓치지 않으리라.

이 안에서 자라나리라'

기로

소리가 없는 곳에서
도망치고자 한다.

보이지 않는 곳에서
감각들이 다급해진다.

표현할 수 없는 것에
가슴의 답답함을 느낀다.

그러나 이것이 없으면
죽음뿐이다.

반대로 이것이 있음으로
생명을 얻는다.

낭만

땅에서 치이고
내 안에서 치일 때
하늘은 여전히 하늘이기에
그 하늘을 보며
숨을 깊게 마신다.

매일 보는 하늘이지만
날마다 새로운 모습에
질리지가 않는다.

구름을 지배함에 따라서
하늘의 도화지는
해와 달의 조명 아래
오묘한 색감을 내고

바다 물결과 같은 하늘
구름과 경계선을 그은 하늘
동물들을 그리는 하늘
위엄차게 소리 내는 하늘
이 모든 것이 날마다 새롭다.

때로는 아무 그림도
그리지 않은 청명함이
우리의 마음을 위로하기도 하고,
때로는 셀 수 없는 사인펜으로
점찍어 놓은 황홀함이
감탄을 일으키기도 한다.

여전히 새로운
신비로운 광채여

자족

사람이라는 게 실수가 많은 생물이다.
세상이라는 게 완벽하지가 않다.
이전까지는 이 사실에 두려움을 느끼곤 했고,
도망하듯 이 사실을 인정하고 싶지 않아 했다.

그러나 인생은 다스릴 수 없다.
한계와의 마주 섬이 지나가야 할 결국이었다.
인정할 것은 인정하자.

인정하기 전에는
고집으로 말미암은 고통이여도
인정한 후에 보이는 것은
열린 마음과 부드러운 마음이다.

그래서 진실만을 인정하기로 했다.
진실 안에 삶의 윤곽이 보인다.

비밀

나는 없다 그는 있다

그가 있어 내가 있다

권리 없다 사랑 있다

사랑 있어 권리 있다

수고 없다 긍휼 있다

긍휼 있어 수고 있다

치유

주인에게 매일 같이 맞으면서 살아가는
여윈 강아지.

그 강아지를 발견한 마을 아주머니.
그녀는 그 아이를 한 달 동안 병원에 맡겨
완벽하게 치료해주었고

여느 강아지들과 같이 예쁘게 꾸며주면서
앞으로 자신이 그 강아지를
행복하게 해줄 것이라고 장담한다.

그러던 어느 날
강아지를 산책시키던 도중
이전에 학대하였던 주인과 마주쳤고
강아지는 변화된 모습이
무익한 마냥 몹시 떨었다.

달빛 대화

보고 싶은 것이 있을 때는
주변 바람이 매몰차도
왔던 길을 되돌아간다.

추억과 기억을
거슬러 올라가
이번에는 나 혼자가 아닌
모두와 함께 그 순간을
누리고자 한다.

우리는 그렇게
과거를 디디며
미래를 나눈다.

감사합니다

쉴 틈 없다.
아무도 쉬지 않는다.
서로가 끊임없이 움직인다.

이는 각기 모두가
자신의 분량을 넘어서서
일하고 있음을 의미하는 것이다.

모두가 한 마음으로
무엇을 돕고 도울지
진심으로 생각한다.

이러한 마음으로
우리가 모였고,
이러한 마음에
우리는 기쁘다.

소원

자나 깨나

지쳐도 안 지쳐도

슬픔이 쏟아지나 기쁨이 솟아나나

아프든지 건강하든지

삶을 빼앗기지 않고
한결 같았으면 좋겠다.

사랑의 꿈

사람이 사랑이라는 것을 할 수 있을까
의문이 든다.

물론 사랑이라고 느껴지는 순간들은
정말 정말 많아서 비관적이지는 않다.

감정의 결정체인 사랑이라는 것의
깊음이 영원한지라

사랑하면서 더욱 사랑을 바라게 되기에

사람이 사랑의 개념을 말하는 것에
멈칫했을 뿐이다.

칠흑

무수히 많은 별들을 우두커니 바라본다.
고요한 공기가 내 주변을 감싼다.
어둠으로 뒤덮인 거대한 산들은 하늘 아래에서
더더욱 고요한 공기를 내뿜어댄다.

이에 마음이 떨리며 알 수 없는 긴장감과 함께
주체할 수 없어진 감각들이 덮쳐온다.
그리고는 아무 말도 할 수 없다.

사람이 살면서 느끼는 것을
모두 표현한다는 것이 얼마나 어려운 것인지
깨닫게 되는 순간이다.

결국 우리는 세상을 표현할 수 없는 세상을
살고 있기에 그 칠흑에 대하여
감동과 진동을 느낄 수 있다.

인생 원리

우리는 무릎으로
이 문제 많은 세상을 살아가야만 한다.

혼자만의 힘으로는
결코 이겨낼 수 없는 삶의 무게가 있다.

무릎으로 나아가지 않는다면
고의로 지나치게 되는 마음에 쌓인 담이 있다.
꼿꼿이 허리를 펴고는 전부 헤아릴 수 없는
어둠과 슬픔의 지역이 있다.

인간은 태어날 때부터 죽음에 이르기까지
무릎 없이 생존할 수 없다.

그러므로 우리는 본래 무릎으로 살아갈 때
가장 강하고 위대하다.

거울

뜻을 정해야 할 때가 우리에게는 갈등이다.

안절부절 하지 못한 채
머릿속에 여러 가지의 방법들을
스스로에게 질문하며
무엇이 좋은 선택일지에 대해
고민하는 순간이 찾아온 것이다.
물론, 이 때 결정된 뜻은
결국 그 사람이 목적하는 것을
나타낼 수밖에 없게 되기 마련이란다.

그러므로
나는 나의 뜻을 목적에 내어맡기길 원한다.

목적이 목적을 증명할 것이고
증명된 목적이 다시금 목적을 증명할 것을
신뢰함에 그러하다.

어른이 되고 싶은 날

날씨는 한산한데 마음은 복잡하다.
무언가 내 마음의 엉킨 부분이 있나보다.

하기야 엉키고 엉킨 게 사람 사는 모습이고
나는 오늘 그 모습을 다시금 발견했을 뿐이니
무엇을 근심하랴.

복잡해서 설명할 수 없는 게 맞다.

그럼 이제 엉킨 실타래 풀어보듯
인내심을 가지고 한 줄 한 줄
살펴보며 풀어볼까?

하늘을 살피고, 고독을 살피고,
안을 살피고, 밖을 살피고.

여유

여유를 가지고자 했다.
시간을 내어 잠시 즐거움 속에
여유를 느끼고자 했다.
그러나 여유를 느낄 수 없었다.
결국 눈물을 흘렸다.
즐거움 속에서도 압박을 느낀다.
즐거움 속에서도 슬픔을 느낀다.

너무 우울해질까 밤길을 걸었다.
어둠 사이를 걷기도 했고
가로등 아래 마음을 쏟기도 했다.
그제야 밤공기가 내가 가지고 싶은 여유는
도망친 채 쉬는 여유가
아니라는 것을 애환으로 깨닫게 해줬다.

여유를 가질 수 없는 상황에서
여유를 누리게 하는 침묵이 좋은 것이었다.

봉숭아

언어라는 것은 참 놀랍다.

언어 자체를 통해 삶이 변하기도 하니
더욱 그러하다.

언어를 통한 고백이 때로는 내 삶을 뒤바꾼다.

언어를 사용한 대화가 참 많은 것을 남겨준다.

언어와 함께한 시간이 나를 만들어간다.

이는 분명 언어 뒤에
누군가가 일하고 있음을 의미하기도 하겠다.

평생

산다는 것은 중요하다.

살아가는 것도 중요하다.

살아가는 모습은 또 중요하다.

사는 모습에 담긴 중심은 더욱 중요하다.

그러므로,

입술과 생각에만 기름칠 하지 말고

일생의 삶이라는 것에 윤기 흐르게 하자.

결과

간절히 두드리고
잠잠히 신뢰해야 한다.
전심 다하여 구하고
잠잠히 바라봐야 한다.

사람이든
상황이든
무엇이든

마음과 마음을 마주하며
지혜롭게 순수하게 겸손하게
살아가야 한다.

열린 문은 닫지 않고
닫힌 문은 열지 않길
바라면서

과정

열띤 혼잣말
되뇌는 입술
혼자만의 강연

입술의 흐름에 따른
리듬 탄 손가락
흔들리는 노트북 타자기

스스로 구상했다 할 수 없는
자신조차 감동 덮인 연결선

부족함에서 더 나음을
준비하면서 향할 때
내가 성장해간다.

타인 이해

사람은 모순덩어리다.

자신도 상처 입히면서

자신이 상처 입는 건 끔찍이 싫어한다.

사람은 모순덩어리다.

자신도 상처 입히면서

남이 상처 입히는 건 열렬히 비난한다.

사람은 모순덩어리다.

자신도 더러우면서

남이 더러워지면 한없이 경멸한다.

사람은 모순덩어리다.

자신도 더러우면서

남에게 깨끗한 것들만 한바탕 요구한다.

사람은 모순덩어리다.

서로를 미워할만한 존재가 아님에도 불구하고

서로 미워함으로 위로한다.

회상

빨려 들어가는 것이 집중이라는 것을 알았다.
시간 가는 줄 모르는 것이
열정이라는 것을 깨달았다.

그렇게 알고 나니
내가 인생을 통하여 집중과 열정을 쏟고 있는지
돌아보게 된다.

마음의 보물을 향하여 빨려 들어갔는지,
시간이 무색할 만큼 마음을 기울였는지
생각하게 된다.

겉과 속이 다르거나 미지근한 사람으로
남고 싶지 않기에 나를 점검한다.

생명

문을 열어라
생애 최고의
선물을 주리라
모두 문을 활짝 열어라

이 소리를 들을 자들아

귀를 열자
마음을 열자
지식을 열자
소망을 열자

열림

사람은 사람과
존재는 존재와
관계해야 한다.

서로가 서로를
알아갈 때
친밀함과 신뢰가
쌓여진다.

사랑이 싹튼다.

한 사람

대부분의 사람이
듣지 않고
대부분의 사람이
깨닫지 못한다.

바르게 듣고
정확히 깨닫는
사람이 드물다.

그럼에도
듣고 깨닫는
한 사람이 있어
감춰짐이 풀린다.

교통

매 순간 찾아오는 사랑의 목소리.

'사랑한다'라고 말해주기도 하지만,

사랑하는 마음을
때에 따라 알맞게 전해줘서
사랑이란 걸 알게 해준다.

그래서인지 지적이 즐겁고
위로에 눈물 나며

상황이 감사하고 명령에 움직이는
기적도 일어난다.

진정 사랑보다 위대함은 없다.

각오

결정이 결정하였다.
물론 우선된 결정에는 시기와 기회가 있었다.
그러나 시기와 기회는 결국 공평했다.
그러므로 결정이 결정하였다.
과언이 아니다.

물론 결정된 일에 대해
원인을 단정 짓지는 않는다.
그러나 특별한 경우 외에는 결정이 결정하였다.

사람들은 때에 따라 결정을 당하였다고
표현하기도 한다.
그러나 결정이 결정하였다.

난 무엇을 결정했는가
날마다 겸손하게 결정해야 한다.

초점

선물을 받으면 무엇을 먼저 확인하는가?
사람이여 선물을 받을 때는
선물을 준 자를 먼저 확인해야 한다.

선물 내용만을 먼저 확인했다면
이 말을 받으라.
'섭섭하게 하는 녀석'

가격표를 먼저 확인했다면 이 말을 받으라.
'탐심에 눈 먼 녀석'

겉포장을 먼저 확인했다면 이 말을 받으라.
'지혜 없는 녀석'

너무 기분 나쁘게 생각하지 마라.
우리는 선물을 가져야 하는 것이 아니라
선물을 준 자를 가져야 하기 때문에 그랬다.

연필의 삶

연필을 쓰다보면
참 많이 부러지고 깎여나간다.

뒤에 달린 지우개도 완전히 닳아
끊겨나가곤 한다.

깎고 깎아서 간신히 잡을 수 있을 만큼
모질게 쓰게 된다.

그래도 연필은 있는 힘껏
자기가 할 수 있는 만큼
흔적을 남긴다.

연필의 삶은 고되지만 끝까지 버텨낸다.

난 뭐하냐..

2월 February

경이로움

현실 안경

계산해보았다.
분명 이익이라는 것을 고려해보는 삶이
우리의 삶인 것이다.

고민해보았다.
가치 있고 값진 삶이며 삶을 바쳐야 할 것이
무엇인지 생각해 본 것이다.

그것은
인생도 아니고 관계도 아니고 보화도 아니고
사랑하는 사람도 아니다.

그러나 나는 계산과 고민 끝에
삶을 바치기로 했다.

꽤나 비장하다.

처소

그 슬픔에 내 마음을 둡니다.

그 탄식에 내 마음을 둡니다.

그 분노에 내 마음을 둡니다.

그 기쁨에 내 마음을 둡니다.

그 정직에 내 마음을 둡니다.

그 마음에 내 마음을 둡니다.

간절한 노크

제발 좀 받으시오.
당신한테 정말 좋은 거니
외면하지 말고 받으시오.
제발 좀 들으시오.
당신한테 꼭 필요한 건데
왜 듣질 않으시는 거요.
제발 문을 열어주오.
문을 그리 꽁꽁 닫으면서
어찌 들어오란 말이오.
어제까지만 해도
나한테 이게 좋다고 했으면서
막상 주려고 하니까 왜 모른 척 하시오.
당신이 문을 열어주길 기다리는
내 마음은 얼마나 애타는지 알고 있소?
나는 무시되어도 내가 가지고 있는 이건
당신에게 있어서 절대 무시되면 안 된단 말이오.

공통점

어린 아이부터 노인 분들까지
함께 모여 즐거워하는 모습을 본 적 있다.

나도 함께 어깨를 들썩거린다.
모두를 즐겁게 하는 능력이
나도 즐겁기 때문이다.
그러다가도 다 같이 심각하게 두 손을 모은다.
그리고 나도 슬픔과 비장함을 가지고
함께 동참한다.
그 문제는 인간 모두가 심각해져야 할
문제이기에 그러하다.

결국 어린 아이라고 얕볼 것 없고
건장한 청년이라고 버틸 수 없으며
능력 있는 장년이라고 해서 제외될 수 없고
쇠약한 노인이라고 누워있을 수 없다.
우린 모두 삶을 사는 사람인 것이다.

먹구름 속에서

임금이여 당신 앞에 우리가 피한다고 한들
어디에 피할 수 있겠습니까.
과연 어디에!

피할 곳 없다면 그 결과 바꿀 수는 없사오니
부디 속하여 들여주시고
지체마옵길 소원하외다.

적어도 합당한 행동만큼은
반드시 취할 것이오니
우선 종의 엎드림을 받으소서.

우리에게 임금께서 원치 않는 것들 있다면
또한 내어 버리리이다.
말씀 내리소서.

피할 길 없어도 낙심치 않는 것은
임금께서 임금되시고
종은 이제라도 임금을 알았기 때문이외다.

남은 생애 질병이 찾아오고 피를 흘려도
몸 다해 기쁨 되리이다.

적군 속에 들어가
부드러운 환영 속 감춰진 어두움에 혼란해도
마음에 임금 새겨 단행하리이다.

이 병든 도시 주의 성을 혼란케 한다면
도시 앞에 나가 군사되어 투쟁하리이다.

다만 종과 함께하소서.
종의 마음에 임금되소서.

바람

무명으로 살아가야 한다.

이름이라는 것은 남기면 무익하다.

오히려 이름이 남는다면

그것은 부끄러움일 것이다.

내가 나를 확인하며 고개를 끄덕인다.

그 대신 바라는 것은 있다.

생전에 내가 지나간 자리에 있던 민들레 씨들이

나와 함께한 바람에 씨를 흩날리며

세계에 착지하는 것이다.

채찍의 동기

알아야 한다.
깊은 심연을 알고 싶다.
누구보다 많이 앎의 기쁨을 누리고 싶다.

인간이 알 수 있는 지식과
삶을 허락된 구역까지 육체로 호흡하며
누리고 싶다.
그러나 이 때 우리는 아픔을 겪는다.
무엇 하나 붙잡고 살기 어려운 인생인지라

이러한 열망에 빠질 때 현실을 무시한 채
교만해졌다는 사실에 우리는 아픔을 겪는다.

이는 과연 의지의 나자빠짐과 육체의 쇠잔함이
삶의 골짜기를 형성하는 꼴이다.

체인지

우리는 가끔씩 과거로 돌아갈 필요가 있다.

지금 무뎌진 내 모습을 볼 때
다시 한번 우리는과거로 돌아가야 한다.

그러나
이 때 사람은 변한다는 어설픈 말이 들린다.

'좋았던 부분들의 기억을 끄집어내고
미련한 부분들을 새롭게 변화시키자'라는

앞으로의 변화 방향을 정하는 것이
중요한데도 말이다.

무엇보다 사랑

시간은 결코 없지 않다.

누군가에겐
바쁘다는 핑계 속에
없는 시간이 되고

다른 누군가에겐
공동체가 맘에 안 든다며
져버리는 시간이 되지만

또 다른 누군가는
그 시간을 목숨 걸고
사수하기 때문이다.

관심 차이다.
사랑 차이다.

퍼즐

감정의 오류
생각의 오류
지식의 오류
결정의 오류

수많은 오류들이
우리들의 삶을
뒤덮어 흐르고 있다.

한 가지의 주제만을 두고
이야기 해봐도

진리와 거짓이
각 사람의 입술에서
혼잡하게 뱉어지는
상황인 것이다.

경이로움

말하는 것과 듣는 것을
한 자리에 모을 수 있다면,

말하는 것과 들은 것이
삶과 함께 일치될 수 있다면,

말한 것과 들은 것을
내 삶이 살아낼 수 있다면,

말한 것과 들은 것이
빠짐없이 이루어진다면,

말할 것과 들을 것을
바로 분별할 수 있다면,

말함과 들음을 적당하게 할 수 있다면
얼마나 좋을꼬.

무지

현재 우리의 정보와 지식은
매체에 대부분을 의존한다.

그것은 바로 모아둔 지식의 창고요
스쳐간 지식의 깨달음이요
시간의 단축이기 때문일 것이다.

그래서 생각해본다.
의존한 모든 것을 잃게 될 때
내 삶에 남은 지식은 얼마나 될까?

내 것이 아니면서도 착각 속에 빠져
내 것인 줄 알던 게 아니었을까?

참된 지식은 다름 아닌 삶으로 이해하여
전인격적으로 아는 것들만이
참된 지식이었던 것이다.

마음

이 곳은 동굴입니다.
그것도 아주 깊은 어두움과 고요함의
동굴입니다.

그러나 그 곳에는
떨어지는 눈물들이 공중에 울려 퍼집니다.
흐느끼는 탄식들이 사방에 아우성칩니다.

그래도 소란하지는 않습니다.
오히려 굉장한 적막함만이 동굴 안을 붙듭니다.

이에 저는 매일 그 곳을
마주보며 울음을 터뜨립니다.

그래야 위로가 찾아온다는 것을
알게 되었기 때문입니다.

중심

나는 물감에 빠지고 싶다.

내 몸의 모든 혈액과 깊은 폐부 속까지
완전히 적셔지고 싶다.

손끝과 발끝에 물감이 가득 묻어나
세상을 물감천지로 만들고 싶기도 하다.

어떤 일을 해도 내 전신에 묻은 물감이
그 일을 뒤덮길 바란다.

제 아무리 작은 마음일지라도
나는 반드시 물감 속에
뒤덮인 모습이 되고 싶다.

부러진 뼈

해결이 관계에 막힐 때가 있다.

엉켜있고 어긋난 관계는 쳇바퀴에 햄스터 또는
가스 불을 잊어 집으로 가는 행색에 머무른다.

해결할 방법이 없다기보다는
내 관계의 상태가 발을 붙잡는 것이다.

다시금
살아있는 나를 죽이고 죽어가는 관계를
더 강하게 세워야 한다.

그렇게라도
나라는 사람이 성숙되는 기회가 된다면
마음이 시원하겠다.

투정

익숙한 환경을 떠나
어색한 장소로 옮겨질 때
진짜 나를 마주한다.

환영받는 자리를 떠나
무관심의 자리로 이동될 때
연약함이 되려 드러난다.

분주한 생활을 떠나
시간이 굼뜨는 자리로 갈 때
무기력한 교만에 부딪힌다.

내 맘대로 세상을 움직이고자
머리를 굴려댈 때
원하는 삶을 누리지 못한다.

시선

옷을 잘 입는 사람
옷을 못 입는 사람

이것이 우선되지 않음에도
우선되어 보게 된다.

성품이 좋은 사람
성품이 안 좋은 사람

성품의 동기를 모르는데
좋다면 좋단다.

그야 물론 외면과 내면도 중요하다.

다만 나는 내가 내면의 내면이
바로 선 존재이길 바랄 뿐이다.

Crazy

뜨거운 사랑
흔히들 말하는 잠깐 타오르다 꺼지는
연약한 열정 말고

사랑하기 위해 사랑하여
목숨마저 다하는 그런 사랑

사랑이 목적되어 사랑하는 그런 사랑
몸과 마음을 아까워하지 않고
아낌없이 불사르는 그런 사랑

철저히 사랑을 위해 언제 무엇이든지
각오가 되어진 그런 사랑

그 뜨거운 사랑을 목적으로 삼은
사랑의 삶을 살아가고 싶다.

늦어도 필요해

무엇을 하던 순간마다 재조정을
해 줄 필요가 있다.

악기를 쳐도 칠 때마다
다시금 음을 재조정해야 하고

운동을 해도 순간마다
다시금 목표를 재조정해야 한다.

그와 같이
우리의 삶은 날마다 재조정이 필요하다.

슬픔의 파도

나와 나의 나 즉, 내가 좋아하는 나

나와 나의 너 즉, 내가 싫어하는 나

나와 나의 관계는
나와 내가 이루지 못하는 빚어진 정신의 나

나와 너의 관계는
나의 본질적 존재이기에
빚어진 정신이 거부하는 나

나의 나가 되기도 하고,
나의 너가 되기도 하는
기적적이고 이질적인 존재의 나

매일같이 나의 나를 바랄 수밖에 없는 나

From now on

세상의 돈의 대부분이
불의한 방법으로 돌고 돈다.
우리는 그런 돈을 만지면서
또 다시 낭비와 술수로 불의를 이어감을
보게 된다.
그러나 이익이 아닌 사랑을 보는 우리에겐
'이제라도' 라는 정신이 필요하다.
이제라도 불의한 돈이지만 상처 많은 곳을 향해
친구가 되어줘야 한다.
이는 결국 우리의 인생과 마찬가지이다.
인생의 흐름도 불의를 뗄 수 없고 반복된 역사도
불의를 이어가기 때문이다.
그렇기에
이제라도 우리는 우릴 위해 상처받은 이를
볼 줄 알고, 상처들과 친구되는 법을
배워야 한다.

보따리 챙기기

변함과 마주한 나
그러나 아직 걷고 있는 나

길이 남아있고
여전히 길을 모르는
행인의 삶

오늘도 내일도
그 길 앞에 서리니
곧게 뻗은 외길
더 많이 알아가리.

길의 저편을 기대하며
더 많이 걷길 원하네.

정도의 차이

간절하다면
될 때까지
고개를 숙였겠지.

고개를 숙이다
머리 들고
뒤돌아가는 것은
그만큼 간절하지
않았던 거겠지.

간절하다면
포기하지 말고
고개 숙여라.

붙들림

마음 안에 있는
차분함을 느낄 수 있다.

어려움 중에
정신과 마음을
단단하게 붙드는
능력을 만남으로.

마음을 다스리는 것은
전쟁에서 승리하는 것만큼
쉽지 않기 때문에

오늘의 이 마음
내가 할 수 없는 것임을
깨닫게 되면서 말이다.

만남의 시간

다 기억할 수 없지만

보고 듣게 하신 모든 것들

고민하고 노력했던 모든 것들

상상하고 소원했던 모든 것들

희노애락 경험했던 모든 것들

남김없이 사용하시네.

놓치지 않고 살아가게 하시네.

용기가 필요한 날

아군의 의미는 함께 같은 길을 걸으며
서로 힘을 모아 싸우는 전우다.
그러나 오늘 우리는
아군의 의미를 많이 잃어버린 듯하다.

경쟁사회 각자의 삶 겉핥기 관계

다들 이 현실에 상처입고 살아가면서도
아군의 의미를 되찾으려 하지 않는다.

함께 걸을 수 없을까? 함께 싸울 수 없을까?

각기 다른 인생이긴 하지만
결국 인생임은 동일하니 아픔을 함께 나누고
기쁨을 함께 누렸으면 좋겠다.

그런 꽃

귀하고 귀하다
돌 틈 사이 들풀이여

단단한 우리 삶에
비집고 들어와
꽃을 피워주니

닫혀진 우리 마음
화려함과는 멀어도
나름 볼만해지는 구나

2월과 3월 사이

계절의 바람이 쌓인다.
온기의 구름이 덮인다.
그렇게 공기가 흐른다.

이에 따라
우리의 기억은
회상의 향수를,
우리의 예견은
작동될 잔여량을
되짚게 되니

지금껏 세워진 자아와
앞으로 찾아낼 자아를
육감과 시선으로
둘러보게 된다.

3월 March

아침 햇살

아픈 공감

그 누구도
확고부동한
사람일 수 없다.

그 누구도
방황하는 행성에서
벗어날 수 없다.

우리는 모두
동일한 괴물들이다.

괴물이기에
서로가 가진
상처를 알아본다.

함께

사랑한다면
기억하는 것을
포기해서는 안 된다.

사랑한다면
잊지 않는 것이
중요하다.

사랑한다면
도망치지 않는 것이
중요하다.

사랑한다면
희생을 나누는 것을
잃어서는 안 된다.

삶의 멋

나는 하늘이 좋다.
매일매일 하늘을 눈 안에 담아둔다.

그러던 어느 날
파란 하늘도 아름답지만
하늘이 장관이 되려면
구름이 있어야 한다는 것을 발견하게 되었다.

아마도 분명 나와 같이
하늘을 좋아하는 사람들은
구름과 함께하는 하늘이라면
눈을 들어 하늘을 볼 것이다.

구름을 품은
오색찬란한 하늘의 빛에
발그레해지면서 말이다.

멈춘 시간

살면서 처음으로 내가 누구인지 궁금해서
거울을 쳐다봤습니다.
내 눈동자, 내 살가죽, 내 표정들
바라볼수록 이상합니다.
골격과 껍데기는 동 떨어진 듯
마음이 움직이고 고민합니다.
또 한 번은 눈 감고 무릎 꿇은 채
내면세계라는 자리에 들어가 봤습니다.
지난날의 감정들. 과거의 관계 속 상처들
왜 웃었는지 모르는 웃음의 순간들
내 안에 아직도 혼잡한 가치관들
더 이상 그곳에 머무를 수 없었습니다.
뭔가 두려웠습니다.
눈을 감고 무릎 꿇은 내 몸과
또 다시 분리된 느낌입니다.
머리가 복잡? 아니 뭔가가 복잡합니다.

교육

우리는 진실을 배워야 한다.
바람직한 행동의 변화를 향한
교육을 받아야 한다.

하지만 아쉽게도 세상은 진실을
교육하지는 않는다.

그러므로 우리는 배워야 한다.
연구해야 한다. 분석해야 한다.

그 과정을 거친 앎이라면
분명 확신할 수 있을 것이며
거할 수 있을 것이기 때문이다.

우리는 그렇게 방탕함과 무지함을
벗어야 한다.

답답함

지식이 갈급하다. 바른 지식이 갈급하다.
정확한 지식이 갈급하다.
그래야 바르고 정확하게 살아갈 수 있다.

지혜는 지식의 기초
지식은 의에 기초인 듯하다.
그러나 내 삶은 지식이 올바른 기초의 역할을
감당하지 못하고 있다.

모호한 지식이 내 안에 너무 많다.
교만한 지식이 내 안에 너무 많다.
둘러대는 지식이 내 안에 너무 많다.

그런데 혼자서는 이 지식의 갈급함을
해결할 방도가 없다.
혼자서는 무력한 나를 발견한다.

본향

집이 있다는 것은
평안을 준다.

나그네라도
두렵지 않다.

외로이 걷는 길도
두렵지 않다.

잠깐의 처량함도
든든한 나의 집이
위로해주기 때문이다.

온도 차이

깊이 없는 중심에 가슴이 시린다.
견고하지 못한 마음이라 지켜낼 수가 없다.

물론 내 모든 행동이 확신으로 시작되었으나
거짓 확신도 있을 듯하다.

이 상황에 내가 할 수 있는 것은
분명한 진리에 붙어져있는 것이
최선이라고 여겨진다.

진리의 반석에 앉혀져 집을 세워나가는 것이
가장 올바른 자리로 생각된다.

이미 열정은 불이 붙었다.
뜨거움을 유지당하며 냉철함도 잊지 말자.

죽음의 경계

무엇이 죽음인가
무엇을 죽은 상태라고 말하는가
이것은 죽음이 아니다.
인생의 끝은 죽음이 아닌 유한의 마침이다.
이것은 죽음이 아니다.
몸의 움직임이 제한된다면 유한의 인정이다.
이것은 죽음이 아니다.
지식의 공터는 앞으로 세워질 집의 화려함을
알 수 없다.
그렇다면 무엇이 죽음인가
무엇을 죽은 상태라고 말하는가
이것이 죽음이다.
하나를 잃으면 낙심되는 마음의 깊은 심연이다.
이것이 죽음이다.
일어날 용기가 빼앗겨 찢긴 황폐한 행색이다.
이것이 죽음이다.
익살과 허영만 남은 단단한 자존심이다.

틈 찾기

젊은이들의 핏대 세운
개혁의 팻말이 때때로 세상을 바꾼다.

그 팻말은
운동이 되고
혁명이 되어 순수한 정직을 되찾는다.

어린 날을 살아가는
우리 또한 그러한
개혁의 팻말이
높이 올려져야 한다고 생각한다.

온 몸을 불살라
덤빌 수 있는 시기는
지금이 적절하기 때문이다.

근접

사랑이란 것은 세심한 면모를 보여준다.

사랑이란 것은 부드러운 태도를 지닌다.

사랑이란 것은 귀찮아하지 않고 집중한다.

그 사랑을 받은 사람이 바로 지금 글을 쓴다.

나도 그와 같이 세심하고 부드러운 사랑을
나눠주는 사람이 되어야지.

내 욕심 따른 내버려둠이 아닌
집중하는 사랑을
쏟아주는 사람이 되어야지.

보물찾기

배움의 태도가
필요한 것은
거부할 수 없는 사실이다.

배움 속에서
교훈을 듣는 자에게는
생명이 있고
아픈 책망을 듣는 자에게는
귀한 변화가 있다.

문화에 묻히고
욕구에 묻히고
나태에 묻히고
교만에 묻힌

바로 그 배움에서 말이다.

절망 속 깨달음

진리의 자리는 분명하다.
이는 거짓되지 않기 때문이다.

분명한 자리에서 담대하다.
확신이 용기되기 때문이다.

담대한 자리에서 자유하다.
이끌리지 않는 삶이기 때문이다.

자유한 자리에서 능력 있다.
능력의 근원지이기 때문이다.

진리의 자리는 능력 있다.
근원이 운동하기 때문이다.

방황

함께하면 깨지고
혼자하면 주저앉는다.

나는 어디에 있어야
설 수 있는지
마음속을 헤매기만 한다.

절망의 소망 있음 또한
틀리지 않기에
도망칠 수도 없다.

그저 마음의 고통은
자신만이 알 뿐이다.

초지일관

정신과 마음을
구분할 줄 모르는데
어찌 이리도
나를 분열하는가

걸음과 걸음이
가야할 길 가야지
정신없이 어디를 향해
내딛어 대는가

사랑의 영원을
도망치며 고백하는
사지 떨리는 마음
나는 누구인가

공

여백에 대해
인간은 두려워한다.

여백의 미를
누리는 사람은
실제로 적다.

대화의 여백
관계의 여백
소란의 여백
인생의 여백

하나

한 번의 발돋움
한 면의 움돋음

남들은 모르는 깊은 탄식
남들은 모르는 기쁜 소식

그로 말미암아
서로가 우리 되어가니

이것이 보람이요
이것이 위로이다.

고립

사람은 때때로 고립을 겪는다.

둘러싸인 고립을
겪기도 하고,

모여진 고립을
겪기도 하며,

흩어진 고립을
겪기도 하고,

떠나간 고립을 겪기도 한다.

결국 고립은 인생의 글을 써내려갈 때
지우개로써 따라온다.

시야

아픈 사람을 만나면
곧장 가서
상태를 확인할 준비 되었는가?

길을 가다
쓰러진 사람을 만나면
일으켜 줄 준비가 되었는가?

어느 누가 위험에 처했다면
보자마자 달려가서
도와줄 준비 되었는가?

우리는 준비되었다고
말할 수 있어야 한다.

여정

우리가 취하고 있는
수많은 형태들이 망가진 상태이다.

한 부분이 옳지 않아
반대를 외쳐도 또 한 부분이 뒤엉켜
반대의 생각을 모호하게 만든다.

지켜내기 힘들어진
파탄과 수호의 은밀한 현실인 것이다.

결국 우리는
거짓과 진실 속에 뒤엉켜 살고 있다.

다시금 더 분명한
의지의 결단으로 새롭게 들어가기까지
부딪힌 의지에 적응해야 할 때인 듯하다.

엄살

자전거를 타던 날이었다.
그날따라 갑자기
도로선 위를 올곧게 달리고 싶었다.

하지만 생각보다 쉽지 않다.
자전거를 어려서부터
꽤나 오랫동안 탔음에도
선 위를 자꾸만 이탈한다.

손잡이를 꽉 잡고
온 몸으로 균형을 잡으려고
안간힘을 쓰지만 속도와 지면의 상태에
자전거와 내가 지배당한 것이다.

하물며,
손잡이도 없는 인생은 어떠하랴.

아침 햇살

내가 무엇이라고
이처럼 큰 사랑을 받나요

나를 알면서
어찌 사랑하시나요

예리한 창수로
이미 찢겨 보여졌거늘

뜯겨지고 긁혀질 나를
왜 다시 새롭게 하시나요

찾아와준 힘과 용기가
날 부끄럽게 하네요

저편

'난 누구야'
이것은 가혹한 단정이다.

설명하는 즉시
감옥에 갇힌 이다.

다시 말해,
나를 표현한다는 것은
이 땅에 있는 불가능이다.

그것은 설명을 거부하기에
무한함을 시사한다.

그러므로 이미 영존은
'나는 나' 라고 대답했다.

성냥개비

사랑한다는 마음은
내 마음이 아닌가 봅니다.

어쩔 때는 사랑이 너무 쉽고

어쩔 때는 사랑이 너무 어렵습니다.

그저 마음의 불이 식어가지 않길 원하고

표현의 연료가 끊이지 않길 원하며

인내의 소망이
져버리지 않길 원할 뿐입니다.

이것이 나의 사랑의 겨우임을
고백합니다.

따뜻한 밤

매순간 마음의 끈에 붙들린 바 되었습니다.

어두움만 보이는 줄 알고 있었는데
내 눈이 잘못되었을 뿐임을
붙들려서야 안 것입니다.

세상이 캄캄해져서
마치 어린 아이와 같이
울고만 있던 내게
마음의 끈이 나를 잡아당겨줍니다.

그제야 눈을 돌려
빛을 발견한 나의 감격은
아무도 참여할 수 없습니다.

분명한 것은 마음이 마음을 움직였습니다.

어느 순간

역시 사람의 마음이 제일 중요한 것 같습니다.

무엇을 해도
마음이 있는 사람들이 모인
공동체는 활력이 있습니다.

무엇을 해도
마음이 없는 사람들이 모인
공동체는 지쳐만 갑니다.

그래서 우리는 마음의 문이 열리길
간절히 바라야 합니다.

무엇보다 우리는 마음의 문 앞에 서서
친절히 두드려줘야 합니다.

꼴

나의 인색함 위에 나의 행동을 세웠습니다.

스스로 위안 삼으며
아끼는 사람들에게만
무엇인가 건네주고는
나는 사랑한다고 말했습니다.

지극히 마땅한
배려심을 두고 만족했었습니다.

나는 결국
날 향해 목숨 건 사랑을
받는 것만 좋아했지

사랑을 위해 목숨 걸 생각은
하기 싫어한 꼴입니다.

들춰내면 똑같은 사람

언어에 힘이 있듯
증거 된 삶에 힘이 있다.

누가 말하는가
그는 어떤 사람인가
그 말은 신뢰가 있는가

사람이 사는 세상에서
필연적일 수밖에 없는
판단 근거이지 않나 싶다.

결국 말의 권위는
말하는 이에게 달려있다.

그러나 공적이
있는 것은 결코 아니다.

더 미

창틀에 수북이 쌓인 먼지들을 발견했다.

자그마한 먼지들이
어느 세월에 저토록 많이 쌓였을까.

언제나 그러했듯이
발견했을 때는 이미 쌓인 후였다.

매일 관심을 가지지 못해
하나 둘 쌓이더니 어느새 저 사태인 것이다.

쌓인 먼지를 발견해도
관심조차 두지 않는 모습을 보니
심각한 중병임에 틀림없다.

주의

나그네의 옷을 벗기기 위해
내기 하던 해와 바람

아이의 마음을 변화시키고자 하는
선생님의 사탕과 혼쭐

고집 있던 삶을 무너뜨리고자 하는
계획으로서 있는 회유책과 강경책

신중함을 잃지 않고 싶은
내 삶을 향해 엄습한 희락과 고난

확인

질문자 : 마른 장작에 불을 피우는 법은 무엇인가요?

해답자 : 나무를 더한다고 불이 일어나진 않죠.

질문자 : 그렇죠. 당연한걸요.

해답자 : 찬물을 끼얹으면 불이 일어날리 없죠.

질문자 : 그것 역시 당연한걸요.

해답자 : 아시겠나요?

질문자 : 역시 정답은 불이 마른 장작을 뜨겁게 지피는 것뿐이네요.

4월 April

작은 것은 없을지도

기쁨의 날

오늘 나의 왕을 위해 잔치를 벌였다.

주변 사람들을 불러 모아
공간을 마련했다.

마음을 담은
조그마한 케익과
촛불 하나.

야심찬 폭죽과
종이에 써내린
축하 문구.

동영상을 틀고 노래를 부른다.
"사랑하는 나의 왕 영광 받으소서!!"

무한과 미지

반복된 음성을 귀담아 들으려 했다.
가장 중요한 사실이라 그런지
다른 말은 일체 없고 그 사실만 거듭 들려왔다.
그걸 계속 듣다 보니, 들으면 들을수록
나의 과거는 오버랩되고
감정은 벅차오르기 시작했다.

반복되는 핵심 속에 추가되는 서술들이
이제는 마음을 찌른다.
들려오는 메시지는 굉장히 단일한데
느껴지는 메시지는 굉장히 복잡하다.

어느새 돌아보니 나의 몸은 덜덜 떨며
일그러진 표정 속에 눈물을 떨구고 있었다.
그러므로 나는 아직도 이것을 설명할 수 없다.

힘입은 조화

자비란 위에서 아래로
베푸는 것이다.

즉, 사람으로서는 사람에게 자비를
베풀 수 없음을 보게 한다.

진리는 온 세계의 참 기준이다.

즉, 인생으로서는 이 땅에서 진리를
소유할 수 없음을 보게 한다.

그러나 현재 이 땅은
덮여진 자비와 진리를
배우고, 확신하며, 전한다.

동력

몸을 가지고 살아간다는 것은 참 불편하다.

무언가에 열심을 내고자 하면
몸이 지쳐 쉼을 가져야 한다.

쉼을 가진 후이제는 좀 괜찮겠지 하면
곧장 다시 피곤이 찾아온다.

최선을 다한다는 것이 참 쉽지 않은 일이다.

만약 멈출 수 없는 이유가 없었다면
진실한 소망이 즐겁게 하지 않았다면

'나' 라는 사람은 무력히 짧음을 즐기거나
스스로 짧음을 끊어냈을 것이다.

앎과 사랑

의식을 따르지 못한 채
의식으로 안다고 말한
삶의 의지.

이는 곧,
삶의 무지다.

의식이 원하지 않고
의식이 거부하고자 하는
삶의 의지

이는 곧,
삶의 고집이다.

무지와 고집의
허황됨에 속지 않길..

순결의 꽃

모두에게
환상적인 남이
되어줄 수는 없다.

그렇다고
이기적인 내가
되어서는 안 된다.

나의 길은
백합화를
닮는 것뿐이다.

나는 그 곳으로
확정했다.

기쁨의 소식

오늘은 내게 있어 이래 없는 기쁜 날이다.
나의 가장 소중한 것을 전해준 날이기 때문이다.

뒤돌아보니 모든 상황이 그 시점을 향해
움직였었다.

전하는 내내 온 몸에 소름이 떠나지 않았기에
잊을 수 없는 순간이었다.

내게 있어 오늘은
마음속에 은밀했던
모든 염려가 눈 녹듯 사라진 하루였고

생명의 기쁨이 진동함으로
위대한 역사의 움직임을 누린
감격의 하루로 기록되었다.

태도

눕지 말고 일어서자

자지 말고 깨어있자

염려 말고 달려가자

살지 말고 죽어보자

몸부림

나는 햇살 속에 살면서 바라는 것이 있다.

건너편에 그림자로 막혀진
햇살을 누리는 것이다.

즉, 햇살을 붙잡아
따뜻함을 만지고 싶었다.

원리는 간단했기에 손을 뻗어봤다.

생각과 달리 온도는 달라지지 않았다.

결국 현실에 반항하며
새로운 곳에 있는
동일한 이상만을 공상했을 뿐이었다.

깨어짐

나도 모르는 사이
생채기가 났다.

내 몸은 그에 대해
원상복구 하기 위해
힘을 다한다.

그것은 내 몸의 의지였다.
핑계할 수 없다.

빛줄기

볼 줄 모르고
들을 줄 모르는
그 곳은 흑암

욕구의 발산이
이기적으로 흘러나오는
어두운 곳

그 어둔 길에
위대한 빛이 안식하사
회복시키시네

나도 모르게
소망을 향해 걸었던
어둔 길 위
회복의 발자국

입술의 능력

부드러움은
무엇인가

거칠지 아니하고
무례하지 아니하며
부족을 덮어주는 강함이다.

오래참음이 동반되고
온화한 삶으로 주변을 밝히며
못 본체 하지 아니한다.

격려와 위로가 있고
진실을 무시하지 아니하며
너무 무겁지도

너무 가볍지도 않은 것이다.

마인드

메마른 대지를 쉬지 않고 걸어가도
웃을 수 있습니다.

종일토록 어두운 기운이
내게 몰려와 있어도
포기할 수 없습니다.

입술이 마비되고 생각이 정지되어
남들 앞에 설 수 없어도
묵묵히 가려고 합니다.

감정이 없는 마냥
의연하게 살아가는

단 한가지 이유는
본질이 살아있기 때문입니다.

용서

'하는 자'의 사랑은
왜곡되기 마련이다.

편협이 들어가고
주장이 들어감을
막을 수 없기 때문이다.

'받은 자'의 사랑을
우리는 추구해야 한다.

사랑을 받은 감격이
내 안에 살아있고
사랑의 올바른 방법을
돌려주기 때문이다.

결연

나를 삼키는 분위기에 지고 싶지 않아요

쏜살같은 시간에 지고 싶지 않아요

요동치는 감정에 지고 싶지 않아요

육신과 정신의 고통에 지고 싶지 않아요

평안이 주는 나태함에 지고 싶지 않아요

군중의 난폭한 외침에 지고 싶지 않아요

당신만이 날 이겨주세요

보화를 대하는 모습

평생 읽어도 후회하지 않을 그런 책이 있습니다.

그러나 대부분의 사람들은 단 한 번도 끝까지
읽어보지 않은 책이 있습니다.

그래도 읽는다고 힘쓰는 사람들이 있으나
10번도 아직 못 읽은 책이 있습니다.

오늘 그 책을
어떤 사람은 300번 읽었다고 합니다.
또 어떤 사람들은 살면서 10,000번을
읽었다고 합니다.

나는 무엇을 자랑했나 부끄럽습니다.
지금 읽는 것도
힘겨워 한 내게 화가 납니다.

버티기

무뎌진다는 것은 공포를 전달합니다.

멀리 떨어진다는 공포와
안일함을 느끼는 공포입니다.

삶의 형태가 달라진 바 없기에
더더욱 무뎌집니다.

그래서 눈물도 흐를 수 없는
아프지 않은 마음을 품게 됩니다.

내 마음은 그저 회복될 때까지
그 자리를 지켜내는 것뿐입니다.

그 때 내게 찾아온 간절함은
더없이 소중합니다.

내면의 고동

울지 마세요.

아니요,
우셔도 괜찮아요.

일어나세요.

아니요,
일어나셔도 돼요.

그 고통 함께 하고 싶어요.

내게 곁을 내어주세요.

대화

지키라
떠나라
전달해라

배워라
틀려라
소유해라

참아라
더 참아라
기뻐해라

각오해라
실천해라
사수해라

감찰하심

육체라는 한계 속에
영원을 꿈꾼다.

내 모든 감정
내 모든 생각
내 모든 행동
다 내어놓으며.

사람은 몰라봐도
꿈은 꺼지지 않았다.

사명

수호는 전진보다 어려운 일이다.

방어는 공격보다 어려운 행동이다.

지켜내는 것은
나아가는 것보다 어려운 것이다.

기간은 시간보다 길게 느껴진다.

보존은 창작보다 까다로운 법이다.

그러나 때로는
목숨을 다해 버텨야할 때가 있다.

단점

여럿인데 홀로
내가 세운 홀로
남 탓 못할 홀로
갇혀버린 홀로

인정 안한 여럿
벽을 세운 여럿
용납 않는 여럿
보고 싶은 여럿

애곡

그의 슬픔을 마주했습니다.
피할 수 없었고 버틸 수 없었습니다.
어찌 마음의 짓눌림을 외면하겠습니까.

그토록
슬퍼하는 마음을 제가 느꼈단 말입니다.

느꼈다고요.
느꼈다고요.
진짜로!!

어쩌겠습니까.

펑펑 눈물을 쏟아낼 뿐입니다.
마음이 죄여오는 슬픔뿐입니다.

상승

나를 사랑하는 이로 말미암아
내가 기쁨에 찼노라.

나의 견고한 강철되는 이가
내 쓰라림을 단단히 붙잡으니
어디에서 이 기쁨 표현하랴.

온 지면이 증인이요 하늘이 증인이로다.

입술이 벌어져 웃음을 표현하나 입술이 작아
웃음을 표현치 못하리니
작은 공간 속에 거대한 웃음을 품고
노래하겠나이다.

이제는 비천한 것을 내 눈에서 멀리함이요.
소란스럽거나 적막한 것을 내가 멸하리로다.

착할 선

버틸 힘이 없을 때 용기 내어 봅니다.

모두가 무너진다고
나도 무너질 필요는 없으니까 말입니다.

무너지고
무너지고
무너질 때 다시 서는 것입니다.

넘어진 채 아프다고 하기 보단
넘어지면 일어서려고 할 때
준비된 선물이 기다립니다.

완전히 무너진다는 것을
내 마음대로 정의내리지 않길 원합니다.
그 한걸음을 기다리시는소망을 믿습니다.

삶을 드리리라

앞길을 개척하려 합니다.
시대의 갈증에 대하여
삶의 재능을 통하여

시작하지 않는 것을
대담하게 시작하려 합니다.
가볍지 않게
소망 가운데

하고 싶은 말

'살리는' 말을 하자

'세워주는' 말을 하자

'위로하는' 말을 하자

'칭찬하는' 말을 하자

'정직한 말'을 하자

'부드러운 말'을 하자

'따뜻한 말'을 하자

'소망있는' 말을 하자

'순결한' 말을 하자

'지식의' 말을 하자

'지혜로운' 말을 하자

'경우에 합당한' 말을 하자

'겸손한' 말을 하자

'화평하게 하는' 말을 하자

'용서하는' 말을 하자

'경책하는' 말을 하자

'사랑으로' 말을 하자

저기 저편, 여기

나의 인생에서 필요하다면
두 눈과 마음을 이끄는
변화의 물결 속에
만들어질 것이라고 생각한다.

어느 상황 속에서도
흔들리지 않는
진짜 나의 분위기를
가슴에 꽉 쥐며
닮음과 찾음이
상호작용할 것이라고 생각한다.

자신을 아는 것은
덤으로 주어지기에
분위기를 쥘 수 있도록
도와줄 것이라고 생각한다.

작은 것은 없을지도

기르던 강아지가 죽어가는 것을 느낀다.

태어난 지 얼마 안 되어 죽어가던 녀석을
정성스레 보살펴 여느 강아지처럼
건강을 되찾아줬고

첫눈이 오는 날이면 매번 밖으로 나가서
함께 눈을 맞이했으며 넓지 않은 집구석에서
함께 뛰어놀고 함께 잠을 자며
어린 나이에는 서로 긴장감 넘치는 신경전도
꽤나 벌였다.

생일날만 되면 편의점 소세지를 사와
생일 선물이랍시고 주던 것이
이제는 엊그제와 같은 10년으로 지나갔다.

그러나 지금은 이빨이 다 빠졌고 치매가 걸려
똥오줌을 못 가리며 눈은 흰색 안개가 짙었고
스트레스로 온 몸을 핥아 털과 입이 침범벅으로
굳어졌다.

다리는 비틀거리고 더 이상 몸의 피부라도
상하지 않게 하기 위하여
목에 페트병 자른 것을 어설프게 끼워줬다.
참 가슴 아프게도
이제는 볼 때마다 죽어가고 있음을
역력히 느낀다.

제아무리 동물이라지만
작은 것을 아껴주지 못한 것과
최선을 다해 돌봐주지 못함이 미안할 뿐이다.
그러나 분명한 것은
어렸을 때나 지금 죽어가는 모습이나
여전히 내게는 예쁜 '예삐'다.

사랑의 대상

가족도 마찬가지입니다.
친구도 마찬가지입니다.
관계 깊은 사람도 마찬가지입니다.
아는 사람도 마찬가지입니다.
모르는 사람도 마찬가지입니다.
이 나라의 국민들도 마찬가지입니다.
나라 밖의 사람들도 마찬가지입니다.

친절한 사람도 마찬가지 입니다.
난폭한 사람도 마찬가지입니다.
낯가리는 사람도 마찬가지입니다.
친숙한 사람도 마찬가지입니다.
날 싫어하는 사람도 마찬가지입니다.
날 좋아하는 사람도 마찬가지입니다.

어떤 성향을 가진 사람이라도 마찬가지입니다.
사람이라면 마찬가지인 것입니다.

5월 May

위대한 일

파도

그런 사람은 딱 봐도 압니다.

숨길 수 없습니다.
속일 수 없습니다.

말하는 게 다릅니다.
생각이 다릅니다.
행동이 다릅니다.
태도가 다릅니다.
시간을 쓰는 곳이 다릅니다.

물론
그런 사람이라도 끝을 알 수 없습니다.

그러니 지금
내가 잠잠할 수 있을까요?

점의 고백

흐러가는 시간은
길게 느껴져도
지나온 시간은
순식간이라는 것.

그렇다면
우리의 삶은
마치 세상의 손님.

또한 여행객.
마치 나그네.
영원한 선 위의 점.

결국 이 짧은 시간은
한 순간도 놓칠 수 없는
일생의 기회.

흙과 먼지

우애를 나누던 자가
눈앞에서 흙이 되어
사라져버리고

사랑을 나누던 여인이
먼지가 되어 흩날려 날아가고

일하던 동료가 눈물을 흘리며
바람에 부서져 조각나 버렸다.

이 때 남는 것은
일련의 추억과 감정.

무엇이 더 남는가.
허무한 법에 눈물도 안 난다.

과연 내 마음은

파도는 찾아온다.
찾아 가지 않아도 찾아온다.

모래는 빨려 들어간다.
가만히 있었으면 해도 가만히 있을 힘이 없다.

사람은 버텨낸다.
그래서 우리는 파도 속에 발이 묻혀도 여유롭다.

더 큰 파도도 찾아온다.
매일은 아니지만 언젠가는 찾아온다.

사람도 빨려 들어간다.
도망은 쳐보지만 파도가 사람보다 강하다.

그러나 우주는 잠잠하다.
파도가 제 아무리 거센들 우주는 여유롭다.

분주 속 각인

괜찮아 울지마 감당할 만한 어려움이야
내가 과민한 거야

즐겁고 감사한 것도 내게 있잖아

위대한 사랑 내 안에 있잖아

벌써 일이 많은 건
사용하시기 위한 훈련이야

강한 군사는 강한 훈련으로
만들어지는 거잖아

내가 해야 할 일은 그저 충성이야
'수고는 이 땅에서
쉼은 그 곳에서'

남빛

…

사랑아 날 덮어라
깊은 마음 끄집어
네 곁에 두어라

…

탄식아 그만해라

너와 나의 탄식
겁으로 덮인 꼴이다

인터벌

100m를 전력으로 달리고

20m를 천천히 걷습니다.

100m를 전력으로 달리고

20m를 천천히 걷습니다.

100m를 전력으로 달리고

20m를 천천히 걷습니다.

더 이상 뛸 수 없을 때까지
이 과정을 반복합니다.

그럼 이제 다시 달려볼까요?

전등

순전한 빛은 아니어도
더 밝은 빛인 줄 알았다.

그러나 전력이 없자
어둠을 감출 뿐이라는 것을
실감하게 되었다.

애초에 꺼진 빛이었기에
몰랐던 것은 아니다.

그저 전력이 나의 능력인줄
착각하며 뽐내었던 것이다.

바른 운전

만물 중에 가장 귀한 손님을
내 뒤에 모신 채
운전대를 잡았습니다.

신호도 정확히 지키고
방지턱도 조심히,
속도도 정확하고 안전하게..

많이 떨리나 봅니다.
정말로 많이 떨립니다.

평소에 운전을
거칠게 한 탓인지
한 순간 한 순간이 떨립니다.

숨

맑은 공기가 필요했다.

멈춰가는 두뇌에
시원한 냉수가
필요했고

꼬여만 가는
마음 한편에
소생케 하는 청량함이
반드시 필요했다.

그래서 자꾸만
숨을 깊게 쉬게 된다.

조금이라도 더 많은 깨끗함이
내 부정을 씻어가도록.

평안

평안하다는 것.
요동없다는 것.

상황이 어떠하더라도
빼앗기지 않는 기쁨이다.

그러나 참과 거짓이
있음을 잊지 말자.

참된 평안은
초점이 맞춰진 최선을
위로하는 샘물이고

거짓 평안은
마음의 최선 없이 평안한
넘치는 오만의 해골물이다.

공평

강한 자와 약한 자 누가 기준 세웠나.

물론 보기에는
분명한 차이가 있으나 어느 누가 더 소중하랴.

강한 자라 할지라도 끝 날까지 강하랴.

약한 자라 할지라도 끝 날까지 약하랴.

누가 강한 자인가.
누가 약한 자인가.

안개 속 정체성이 어찌 정확하랴.

원심방

내 심장
내 것이 아닙니다.

내 세포
내 것이 아닙니다.

내 건강
내 것이 아닙니다.

내 것이 아닌데
너무 아꼈나 돌아보고

내 것이 아닌데
너무 아끼지 않았나 돌아봅니다.

인공위성

날마다 지구를 돌며 인간세상을 찍어댄다.
그러나 인간들은 보면 볼수록
우주의 무생물만도 못한 듯하다.
굳이 항성들이 아니어도 작은 물질들조차
우주의 질서에 따라 움직이거늘
인간들이란 질서도 싫어하고
문제는 문제대로 벌리고 해결하는 것조차
싫어하는 거추장스러운 존재다.

뭐 그것도 그것 나름대로 자유를 가진 자의
묘미라고 이해하자
하지만 보는 입장에서는 적어도
문제로 소란하지만 말고 소매 걷어붙이길
바랄 뿐이다.
안타까워서라도 작은 우주로서의 인간들이
우주를 회복하길 응원한다.

역행

시끄러운 꽹과리 그만 좀 울려라
거 풍물 장수야 가던 길 곧게 가면 되지 않느냐

이리 저리 돌아다니며 맞닥뜨리는 황소들
피해 다니지 말고
가장 좁아도 안전한 길로
발걸음을 내딛으면 되지 않느냐!

발밑에 곧은 흰 선 놓치지 말거라

놓치는 순간 이곳 고속도로에서
흰 선 만한 자비가 없는 줄 알거라

앞서 널 위해
피 흘려 만든 흰 선임을 기억해라

먼지의 왕국

흘러가는 대로
이동을 감사하며 욕심을 버립니다.

사람에 대한 욕심
목숨에 대한 욕심
편리에 대한 욕심

모든 욕심을 버리렵니다.

내가 사는 세상은
무수히 이동 되어지는 먼지의 왕국입니다.

아름다움이 무엇입니까
누추함이 무엇입니까

먼지는 먼지의 왕국을 자족할 뿐입니다.

가던 길을 멈춰서서

붉은 돼지는
욕심만 부리고

녹색 기린은
위에서 깔보고

노란 사냥개는
이빨을 드러내고

하얀 하이에나는
시체를 즐긴다.

그리고 이것이
내 마음일까 두렵다.

위대한 일

세상의 장관들을 모두 보고 싶다.

얼마나 멋지고
위대한 일들이 넘쳐날까.

온 세계에 넘치는
신성함들이 얼마나 신비로울까.

그 안에서
변화되어지는 것까지
볼 수 있다면 얼마나 행복할까.

하물며
이 세상 밖은 얼마나 위대할까.

속도

너무 앞서지 마라.

길이 보이지 않는 숲을 너무 빨리 뛰어나가면
나무에 머리를 찧거나 허공을 딛지 않겠느냐.

너무 안일하지 마라.

재앙은 회전할 줄 몰라 그저 직진해오는데
너마저 운전대가 없다면 어찌 피하겠느냐.

벽과 같이 멈춰있는 장애물도 있고 무수한
운석과 같이 떨어져 내리는 재앙도 있다.

모든 것을 피할 수는 없겠지만
모든 것을 맞을 필요도 없지 않겠는가.
빛을 비추고 지혜를 따르라.

소망나무

나는 소망으로 견디는 나무 한 그루다.

어린 나무인지라 더 큰 나무가 되길 바라는
소망을 끊임없이 품는다.

열매가 적어 많은 열매가 맺어지는
소망을 끊임없이 품는다.

열매를 맺어보니 가지와 줄기를 나눠주는
소망을 끊임없이 품는다.

아낌없이 나눠주어 이제는 새로운 삶이 되는
소망을 끊임없이 품는다.

이 소망이 언젠가 끝날 그 날이 올 것을 알기에
소망을 끊임없이 품는다.

경중

사랑한다는 말을 가볍게 하지 말자.

언제든지 목숨을
내어줄 수 있는 게 사랑하는 것이다.

당장 죽을 각오가
내게 없다면 사랑한다고 하지 말자.

사랑하는 삶을 목표로 하자.

언제든지 목숨을
내어줄 수 있도록 항상 준비하고 기억하자.

당장 죽을 각오가
내게 없다면 더욱 힘써 사랑하자.

선택

나의 선택이 있어 사랑함이 기쁩니다.

그러므로 어떻게 더 사랑할지
내 마음에 뜨겁게 인을 쳐주시길 바랍니다.

사랑이란
사랑하기로 선택하는 겁니다.

나와 함께 사랑을 선택하며
서로의 문을 열고 더 좋은 것을 나눕시다.

사랑할 수도 있고
사랑하지 않을 수도 있어 행복합니다.

그러나 내 평생에 사랑을 할 수 있게
도와주셨으면 하는 바램입니다.

땅의 태도

내 감정은
오늘의 삶을
뭐라고 말하고 있지?

나는 오늘
무엇에 이끌렸지?

지금 하늘은 어떻지?

세계는 내게
무엇을 말하려고 하지?

내가 시를
좋아하는 이유는
'점검할 수 있어서' 이다

축제 한가운데

이 길은 축제가 아니였나요.
축제를 벌이는데 왜 눈물이 나나요.
축제 속에 길을 잃은 어린 아이는
두렵기만 해야 하나요.

함께 축제를 즐겨요.
나를 찾아주세요.
잃어버린 이 마음 다시 손잡아 주세요.

오늘따라
다른 이들의 즐거움이 부럽기만 하네요.
물론 나도 부모님이 있지만
오늘따라 슬픔을 감출 수가 없네요.

내 손을 붙잡아 주세요.

경영

거름이라고
무익하리오

비라고 마냥
유익하리오

과거, 현재, 미래

나도 몰래
세상에 태어나
어느샌가
여기까지 왔다.

또,
나도 몰래
죽을 것이며
어느샌가
거기까지 간다.

결국,
시작과 끝은
나도 몰래.

현재의 시점은 어느샌가.

겸손

자기부인.

자신의 욕심을 뒤로하고

자기직시.

자신을 속이지 아니하며

비입귀위.

낮음에 선 것을 귀한 자리로 알아

타자사랑.

사랑해야 할 것을 사랑한다.

지금

A.D 2018년
아직 완전한 마지막은 아닌 듯하다.

아직 위대한 선언이 닿지 않은 곳이 있고

두려울만한 칼날이 닿지 않은 곳이 있다.

다만, 검은 구름이
몰려올 징조들이 보이는 때인지라

지금은 오늘을 사는
우리가 수호해야 할 때고,
위대한 선언과 사랑을 들고 달려야 할 때다.

지금은 마지막 앞에
깨어 준비할 때인 것이다.

분간

나의 마음.
나의 마음이 아닙니다.
그러나, 나의 마음입니다.

현혹된 마음입니다.
꼬이고 꼬여서
인과가 확인되지 않습니다.

붙들린 마음입니다.
모든 것이 내 마음을
강하게 붙듭니다.

훈련하는 마음입니다.
능동적 통제를
목표로 합니다.

충격

남 보기에 부끄러
옷을 껴입는 사람이 있다.

남 보기에 부끄러
자기 방어에 힘쓰는 사람이 있다.

거울을 보니
그 사람이 나였다.

내 가슴은
'벌거벗어도 부끄럽지 않은'
그런 삶을 꿈꾸는데 말이다.

비움과 채움

내가 아무것도 아닌 것이
마음속의 기쁨이다.

나의 삶이 불가능인 것이
내 최고의 가능성이다.

권리의 자격 없다는 것이
날 함부로 할 수 없는 이유다.

나는 '무'라는 것이
내가 '유'된 이유다.

6월 June

복종

친밀

서로의 허물이
친밀함 가운데 드러나게 됩니다.

많이 감추었으나
편할 때 내 모습이
진짜 내 모습임은 변하지 않았습니다.

마음에 걸리다보니
헤어지고 나서
후회하지만 여전히 괴리감은 마음을 칩니다.

이제 우리의 관계
내가 변하는 것이
더욱 친밀해지는 방법인 것 같습니다.

소통

눈으로 보는 언어가
내게 주는 메시지는
엄청난 전달력이 있다.

어쩌면 세상의 모든 것.
내게 언어로 찾아온
수많은 메시지일지도.

대체 넌 무엇을 말하고 있니?

질문

감사함을 드린다는 것.
이게 참 어렵습니다.
뭘 하고, 안하냐의 차이는
결코 아니지만
적어도 내 안의
최선을 드리고 싶은 법인데

그 최선이 결여된 상태로
감사하다고 고백하는 건
참 어렵고 부끄럽습니다.
그것마저 용납되고
그것마저 이해됨이
더 죄송하고 말입니다.

여기서 감사함이
나와야 하는 건가요?

자유

생명에서 떨어지면
죽음입니다.
이 정도는 기본 상식이죠.

죽기 싫으면
생명에 붙어있어야 합니다.
이것 또한 당연합니다.

그렇다면 나는
생명의 근원지도 아니고
죽음의 근원지도 아닙니다.
어렵지 않죠.

내 역할은 그저
생명에 붙어있는 것입니다.
그래야 자유로우니까요.

교훈

내가 걷는 길은
시체 길.

내가 밟은 땅은
피로 적셔진 땅.

그 위에 사는 나는
역사의 현재.

내 삶의 경고장은
내 발밑 먼지들.

사색

생각해보라.
답이 있으면 고민하지 않는다.
확신을 가지면 주저하지 않는다.
사실을 알면 거짓에 속지 않는다.
우선순위가 있으면 타협하지 않는다.
사랑을 하면 보고만 있지 않는다.
이것은 우리에게 주어진 것 아닌가.

또 생각해보라.
답을 알면서 모르는 척하고,
확신을 가졌다고 하나 주저하고,
사실을 안다면서 속고,
우선순위가 분명한데 상황을 따르고,
사랑한다면서 보고만 있으면
그것은 방관과 무책임 아닌가.

항해

어디로 갈지 알 수 없는
물줄기의 흐름.

나는 그 위에 떠다니는
유리병 속 편지.

어딘지 모르게 흐르다보니
어느 순간 강을 지나고
추운지 더운지 모르게 흐르다보니
어느새 저 북쪽 바다.

그러다 작은 눈 벽과 부딪혀
깨진 유리병.

나를 읽는 것은 망망한 바다와
작은 눈 벽, 아니 빙산의 일각의 시선.

이 자리

내 삶은 태풍의 눈.

주위는 소란하나
나는 안전한 그곳.

그것이 내 삶.

보이는 것에 떨려
뒷걸음질 치다보면
진짜 위험한 그곳.

그것이 함정.

복종

참 버겁습니다.
죽을 것만 같습니다.
버틸 수 있을까 의문입니다.

그러나 나는 이미 죽었네요.
죽기로 했는데 이정도 고통쯤이야.

내가 살면 교만이라는 것을
다시 한번 칼로 마음에 새깁니다.

개방

'개인의 상처에
타인은 참여할 수 없다.'
이것이 나를 가두는
살인적 방법입니다.

나를 사랑한다면
나의 상처에 들어오게 하십시오.
그리하여 타인에게도
우리의 상처임을 알게 하십시오.

우린 그런 존재임을
도망하지 마십시오.
이런 나를 심히 사랑해
내 하수구 진탕마저
사랑한다 하심으로
깨어나십시오.

산 자

장례식의 죽음은
반드시 있어야 합니다.

장례식의 죽음은
누가 죽었는지가 중요합니다.

장례식의 죽음은
슬픈 것이 아닙니다.

장례식의 죽음은
위대한 경험입니다.

장례식의 죽음은
죽은 자가 누군지 밝힙니다.
과연 현재의 나는
죽었습니까?

D-day

눈 떠보니 아침
눈 떠보니 저녁

시간은 흐르고
세월도 흐르고

동심 속에 놀던 게 엊그제
돌아갈 수 없는 마음 억제

죽음도 곧 오겠지
기쁨도 곧 오겠지

어쩌면 오늘
죽기 전 오늘

온유

내가 밥을 먹는 이유

내가 운동을 하는 이유

내가 사랑을 하는 이유

내가 잠을 자는 이유

내가 오늘을 투쟁하는 이유

내가 숨을 쉬는 이유

내가 쉼을 갖는 이유

내가 나를 재촉하는 이유

내가 지식을 원하는 이유

내가 이 악물고 버티는 이유

내가 시를 쓰는 이유

내가 노래하는 이유

내가 그림을 그리는 이유

내가 영원한 책 앞에 있는 이유

내 모든 이유.

힘을 쏟아야 할 곳에 나를 남김없이 쏟기 위함.

그의 시선

냉정이 법을 지키기에 유리하다.
따뜻함이 사람을 돌아보기 유리하다.
밝음이 주위를 기쁘게 하기에 유리하다.
어둠이 아파하는 자에게 위로하기에 유리하다.
선선함이 깊은 대화를 이끌기에 유리하다.
거셈이 절망적 위기를
담대히 나아가기에 유리하다.

중요한 것은 경우에 합당한 때와
반드시 지켜야 하는 의를 잘 붙드는 것이다.

우리에게 주신
온도와 밝기와 세기를
잘 아는 것이다.

완벽한 그림

완벽한 것은
완벽한 것이다.

그게 어떤 모양인지가
완벽을 결정하는 것이 아닌

완벽이라고 하는 것이
어떤 모양일지를 결정한다.

흠이 있어 보이는 모습은
주위만 보면 완벽하지 않아 보여도

크게 보고 멀리 보면
그것이 완벽한 완벽일 수 있는 것이
완벽의 역설인 것이다.

태만

반듯하던 자가
자신도 모르게 무너지는
그림자의 속삭임

진리와 지혜로
원수도 사랑하던 자가
순식간에 악인이 되게 만든
환각의 계략

억제하던 욕정을
내면에서부터 끌어올려
분출시키는 암흑의 열쇠

그 사이

어제는 으르렁 거렸다.
오늘은 꼬리를 흔든다.

어제는 잠에 취했다.
오늘은 정신이 멀쩡하다.

어제는 그를 무시했다.
오늘은 그를 주시했다.

어찌 된 일인가.
누가 이런 일을 했는가.

진정 이것은
변덕인가.
변화인가.

증인

따스함을 발견했다.
그의 언어는 따스했다.

열정을 발견했다.
그는 따스하며 열정적이다.

높은 지식을 발견했다.
그는 따스하며 열정적으로
높은 지식을 녹여낸다.

강인함을 발견했다.
따스함과 열정, 그리고 높은 지식.
그 속에는 그의 강인함이 있었다.

진입금지

잡념을 용납하지 않는다.
내 뇌리에 귀중한 것만 남도록
용납해서는 안 된다.

헛된 잡념이 생각날 땐
견고한 성벽의 이빨을 드러낸다.
주체할 수 없는 잡념에겐
비행기를 태워 저 멀리
빠르게 날려보낸다.

내게 있어
확신과 부질이 없는
잡념이라는 것은
반드시 쳐죽일 적군이거나
반드시 흘려보낼
오물일 뿐인 것이다.

몰입

사랑은 몰입하는 것이라고 한다.

내 상태에 관심을 두기보단
사랑에 관심을 두는 것이다.

'나는 사랑을 하는 사람이야'
라고 하는 것이 아닌

'나는 단지 사랑하는 거야'
라는 고백으로 사는 것이다.

나는 무엇에 몰입되어 있을까?
나는 무엇을 사랑하고 있을까?

순간

끝이 온다는 것은 알았으나
끝이 너무 멀게 느껴졌습니다.

그러나 언제나 그렇듯
돌아보니 금방이었습니다.

나름의 허무함이 있고
나름의 보람이 있습니다.

그냥 이 끝이 놀랍고
소중합니다.

투구

소망이라는 것은
가히 투구와도 같습니다.

쉽게 무너져내릴
연약한 확신의 기틀을

무너지지 않도록
보호하는 위대한 투구.

그것이 소망입니다.

조화

아름답다고 하였다.
그것은 아름다운 것이다.

슬픔의 때가 아름답고
기쁨의 때가 아름답다.

미움의 때가 아름답고
사랑의 때가 아름답다.

전쟁의 때가 아름답고
평화의 때가 아름답다.

이는,
미래를 추측하려는 인간이
알 수 없는 기쁜 신비다.

시작의 처음

처음 훈련을
잘 받아야 한다.

처음 습관이
나도 모르게
나의 성향이 되기에

두렵고 떨림으로
신중함을 붙드며
처음을 임해야 한다.

이는 인생에 있어서
가장 정직하고 올바르고자 하는
귀중한 부분을 대할 때
더욱 주의해야 하는 처음이다.

적응능력

귀가 찢어질 듯한
스피커 소리.

집중이 흐트러져
귀를 막았으나

어느새 귀가 안정을 찾고
소리와 함께함이 가능해졌다.

이것은 때론 두렵다.
이것은 때론 감사하다.
이것은 해석하기 나름이다.

최선

솔직하게 언제나 모든 것을
쏟아부었다고는 말할 수 없다.

모든 것을 쏟아붓고자 하는
각오를 다질 때가 있을 뿐이다.

그러나 애석하게도
각오만으로는 부족한지
집중이 끊기는 순간
곧장 각오를 잊는다.

내가 할 수 있는 최선은
집중을 이어가려는 마음과
집중의 제목을 기억하는 것.

그 뿐인가 보다.

미안한 마음

좋은 것을
주었어야 했는데

나 자신을 주려고 해서
많이 미안합니다.

여기까지 날 인도한
능력의 근원을
소개해야 했는데

세워진 나의 능력의
단편만 소개해서
많이 미안합니다.

남은 시간
잘하겠습니다.

점령

적진의 졸개여
물러나거라.

원수의 대장이여
도망하거라.

영혼의 감식이
불가능한 것이냐?

우리 대장
만유의 주재
출진하시노라.

그 이름 앞에 모두
무릎이 터지도록
강하게 꿇어내리거라.

가치

한 톨이라도
잡아야 한다.

기를 쓰고
잡아야 한다.

가치를 알기에
적어도 한 톨이라도
취해야 하는 것이다.

지나칠 수 없다.
무시할 수 없다.

가질수록 귀한
소중한 값어치의
생명의 한 톨인 것이다.

도리

받은 것은
흘려보낸다.

공급 받고 와서
새로 공급한다.

값 없이 받은 것은
값 없이 주고 온다.

이것이 마땅한 도리.

7월 July

무섭고도 부끄러운 이야기

무너짐

공들여 세운 모래탑
바다가 핥으니 무너지고
견고히 세운 왕국이
범죄와 반역으로 무너진다.

세우는 것은 참 오래 걸리는데
무너지는 것은 한 순간인가 보다.

내 마음도 언젠가
나도 모르는 사이에
무너질 수 있겠지.

쏟아지는 폭우에
공들인 인생이 떠내려갈까
두려워하는 것 자체가
무너지기 직전에 마음이겠지.

재건

모두가 경험하듯
인생에 있어서 귀한 습관을
꿋꿋이 지키고자 하지만
언젠가 하나쯤은 잃어버린다.

우린 그것을
변화라고 둘러대지만
실제로는 그것이
무너짐이라고 하는 것이다.

이 때, 우리는 움직여야 한다.
바다 속으로 침몰하지 않으려면
부서진 배를 수리해야 하듯이,

승리를 위해 전쟁 중 부서진 성곽을
밤중에 고치면서 싸우듯이.

저것의 평야

이것과 저것이 만났다.
새로운 이것이 되었다.
나의 영역은 넓어졌다.

저 앞에 또 저것이 있다.
나는 이것밖에 몰랐기에
들뜬 마음으로 저것에게 갔다.
그러자 나는 더 새롭게 되었다.

이제 나는 더더욱 새로운 이것으로
성장한 것이다.
이에 대해 놀라운 나는 이것을 가슴에 품고
주위를 둘러보았다.
놀랍게도 이것 외에 모두 다 저것이었고,
나는 저것들로 가득히 둘러싸여 있었다.
그리고 저것의 끝을 내 눈으로는
확인할 수 없었다.

외면

공간은 언어다.
우주 또한 언어다.

어쩌면 우리는
언어를 무시했다.

언어는 마음이다.
마음은 살아있다.

어쩌면 우리는
살아있는 무언가를 무시했다.

실존은 공간을 넘었다.
공간은 실존의 언어에 불과했다.

어쩌면 우리는 모든 것을 무시했다.

새벽

새벽은 하루에
한 번 뿐이다.

이에 나는 새벽을
찾고자 한다.

새벽은 비싸다.

새벽이 숨겨둔 보물은
값비싼 다이아몬드보다
내게 있어 값지기 때문이다.

새벽은 사랑이 넘친다.

새벽이여 내게로 오라.
내가 너를 사랑하노라.

존재

나는 나를 위해
존재하지 않는다.

나는 타인을 위해
존재하지 않는다.

나는 세계를 위해
존재하지 않는다.

나는 물질을 위해
존재하지 않는다.

나는 삶을 열어 울리는
노래로 존재한다.

게으름

내 침대에는
한 문장이 적혀있다.

'침대가 아닌 책상을 사랑해라'

이것은 내가 게을러져
침대에 누울 때마다 확인하는
날카로운 명령이다.

너무도 분명한 삶을
내게 제시하는 터라
더 이상 버티고만 있을 수가 없다.

그리고 지금 나는 일어난다.
'침대가 아닌 책상을 사랑하자'

반동

관계를 통해 끊임없이
전해줘야 할 것이 있었다.

나와 친밀해진 자에게
느끼게 해줘야 했던 감정.

나의 실수를 받아주는
고마운 사람들에게
다시 힘써야 했던 것.

사랑.

나도 모르게 더 이상
요긴한 것 외에는
짐 지우고 싶지 않다.

갈증

자극이 될만한 누군가를 통해
공급받아야 할 필요가 있다.

세상에 혼자 서는 것이
넉넉히 이겨 나가는데 있어서
불가능한 것은 아니지만
스스로 생각을 키워나가기에는
꽤 벅찬 감이 없지 않아 있다.

지식 앞에 매일 마주하지만
그 속도가 현저히 느리다는 것을
우물 밖으로 나가기만 해도
쉽게 알 수 있기 때문이다.

홀로 자족함은 변함없지만
동반자의 기대는 실로 크다.

대면

얼마나 기품있는
인격을 소유한 것인가.

어디서 그러한
자비함이 나올 수 있는가.

따라갈 수가 없는
인격의 세련됨이다.

침묵으로 사람의 악의를
모조리 이겨내시고

가장 필요한 때에
입술을 벌려 불을 내리신다.

표현 가치

나무가 되고자 하니
나무를 드러내는 사람이 되었다.

바위가 되고자 하니
바위를 드러내는 사람이 되었다.

물이 되고자 하니
물을 드러내는 사람이 되었다.

무엇이 되고자 하는 것.
그것은 무엇이 될 수는 없다.
다만, 무엇을 드러내는
한 사람이 되어갈 수는 있다.

무엇이 나 이상의 위대한 것이라면
가치있는 일일 수 있다.

기적

인간은 애초에
거짓된 자다.
이기적 존재이자
욕망적 존재이다.

양심이 제어할 뿐
내면을 들추면
그놈이 그놈이다.

나 또한 이 사실에서
예외되지 않는다.

그렇기에 우리가
선을 바라볼 수 있는 것과
자기 희생이 가능한 것은
기적이 아닐 수 없다.

위험성

타오르는 불을
품에 품었다.

결국 입던 옷이
모조리 타버렸다.

내 살가죽마저
검게 타버렸다.

어째서 나는 불을
품을 수 있다고
생각했던 것일까.

적어도 내게는
그런 일이 없겠지 라는
환상이었던 것인가.

상애(相愛)

사랑해서 결혼했다.

그녀가 사랑스러워서
영원히 함께 사랑의 깊이로
들어가고 싶었다.

그녀는 언제나 나를 향해
따스함을 온 몸으로 표현해준다.

사랑해서 결혼했다.

그가 사랑스러워서
영원히 함께 있음으로 그의 품을
따스히 해주고 싶었다.
그는 언제나 나를 향해
사랑의 깊이를 진중히 알려준다.

긴장

천천히 걸어도 된다.
다만, 심장만은 뜨거워라.

속도 내려 하지 않아도 된다.
조바심을 접어두는 것이
유익할지도 모른다.

다만, 심장만은 뜨거워라.

우리의 심장에
뜨거움이 사라질 때가
가장 두려울 때다.

온전함

일평생 온전한 사람이
과연 내가 될 수 있을까?

뭐 성공이라던가
큰 업적이라던가

그런거야 살아가면서
세워진다면 감사하겠지만

무엇보다 목적이
그 곳이 아니니까.

내 관심은
떠나지 않고
함께하는 거니까.

침묵

어두운 그 곳에서 끝을 생각합니다.
이제는 그만하고 싶습니다.
대체 나를 뭘로 보고
이렇게 수치를 주는건지.

오래 참는 것으로는
해결되지 않음을 느낍니다.

결국 조금씩 표출하던 분노가
극에 달아 터지고 말았습니다.

결국 사랑했다고 남겨뒀던
그 모든 것마저 하나도 남김없이
모두 거두어버렸습니다.

그래도 놀랍게 나는 아직 사랑합니다.

경계

그가 해야 하는 일
내가 할 수 없고

내가 해야 하는 일
그가 하지 않는다.

내게 적절한 권위를
인식시키는 그는

내게 위대한 자유를
책임지도록 한다.

결코 자신을
부풀리지 않게 하며

결코 자신을 팽개치지 않게 한다.

틈새 너머

지극히 평범한 이곳에,
모두가 겪어본 이곳에

바람의 색깔로 칠해지고
온기의 빛깔로 덮여져
이해되어진 사계절이

광명의 열쇠로 열려
찬연히 그림 그려질 때.

그 때가 환히 비춰진
희락의 때.

역설

사랑도 수준이 있습니다.
사랑은 만만하지 않습니다.

사랑은 인간에게
어려운 것입니다.

그렇다고 사랑하기를
포기할 수는 없습니다.

사랑해서 할 일이 생깁니다.
사랑해서 배워야 할 것이 있습니다.

사랑은 왠지 모를
의무감을 안겨줍니다.

그렇다고 사랑이란 것을 미워할 수는 없습니다.

분별의 자리

사람이 밉진 않지만
미운 행동은 있다고 생각했다.

그런데 어느 순간
그 생각마저 깨져버렸다.

잘못한 행동이 있고,
미운 행동은 없어야 하더라.

그 행동을 미워하는 것이야 말로
나는 이미 그와 동일한 행동을
분수에 맞지 않게 한 것일지도 모르기에.

즐거움

지식을 즐거워하는 것.
얼마나 풍요로운가.

고난을 즐거워하는 것.
얼마나 정직한건가.

겸손을 즐거워하는 것.
얼마나 사랑스러운가.

마음이 즐거운 삶을
뚜렷하게 갈망해라.

오늘도

진중함을 넘어서
환히 비치는 그 얼굴.

엄숙함을 넘어서
사랑을 느끼게 하는 그 입술.

많은 고뇌 뒤로 하고
때를 따라 희생하는 그의 삶.

일개의 생각과는 다른
특별한 그의 생각.

전쟁

삶의 목적이
단 한가지라면.

삶을 살아가는 시선도
단 한가지일 필요가 있지 않은가.
그러나 사수는 또 다른 문제.

번잡함 속에 가치를 잃고
그에 따라 내 시선도 방황하고.

적병이 쳐들어와 날 끌고 가니
내 마음은 갈 길을 잃고
시선을 거두게 되니.

나의 대장이여 나의 대장이여
우릴 승리케 하소서.

기적의 삶

눈 뜨지 못할 강한 빛과
열정의 클라이막스들을
체험이라고 얘기했었다.

일상의 냉랭한 공기와
무심하게 반복되는 훈련은
특별하게 보기 힘겨웠다.

고요한 우리 속에
질주의 때를 기다리며
조용히 씩씩거리는
위엄찬 적토마를 보기 전까지는.

기대

눈이 가려진 채 더듬습니다.
어딘지도 모르면서
살아남고자 바둥거립니다.

"쿵" "쿵"
이리저리 돌아다니며
몸 이곳저곳을 부딪히지만
앞을 향해 서서히 걷습니다.

그렇게 하루가 지나고
한 달이 지나가고
1년, 2년, 10년, 30년...

나는 그제야 이곳이 정글인 것을 알았고,
정말 울창하고 멋있는
정글일 것이라고 확신합니다.

무섭고도 부끄러운 이야기

많이 받았다고
자만하고 계십니까?

당신은 자만할 수 없습니다.
왜냐하면 말이죠.

많이 받은 사람은
많이 거두어야 하기 때문입니다.

꽤나 무서운 얘기입니다.
손 놓고 가만히 있지 마십시오.

그렇게 많이 받아놓고
옴짝달싹 안하면
얼마나 괘씸하겠습니까?

꽃

Flo We're.
우리는 꽃.

우리는 각자가
아름다운 꽃이다.

다른 것에 휘둘리지 말자.
가장 나다운 나로 살아가자.

꽃의 개성이 각기 아름답듯
정직히 나의 개성을 드러내자.

오용이 아닌 유용으로.
질서를 지킨 개성으로.

준비

많은 것들을
시작하자.

그 때에
많은 것들을
할 수 있다.

물론,
경험과 지식은
하나의 준비물일 뿐이다.

그러나 최고의 인도자와
준비물을 갖춘 자가
함께하게 된다면
얼마나 풍요롭겠는가.

무소유

물이 세상에 생길 때
나는 어디에 있었나.

뭍이 세상에 드러날 때
나는 어디에 있었나.

저기 새들이 날아다닐 때
나의 지혜는 어디있었나.

여기 개미들이 집을 지을 때
나의 능력은 어디있었나.

평생

다듬어야 할 것은
인격.

갖추어야 할 것은
중심.

잊지 말아야 할 것은
희생.

둘러봐야 할 것은
주위.

지켜야 할 것은
마음.

8월 August

빛의 통로

겁쟁이

모든 일을 자신의 일로
느끼며 살아갈 수 있을까?

그럼 짓눌리려나?
계란으로 바위 치기 일까?

그럼 못 본 체 하란 말인가?
아니면 해결할 능력이 있는가?

또 이기적인 어른이 되야 하는가?
차라리 짓눌려 죽는 게 옳지 않은가?

고민하는 내가 겁쟁인가?
아 씨... 쪽팔려

그날 밤

깜깜한 밤에 네게 찾아온
밝은 빛이 있다면
절대 놓치지 말거라.

온 세상에 빛이 사라지고
그 작은 빛 하나 남았는지
어찌 측량하겠느냐.

오늘 네게 찾아온 빛을
두 손으로 꼭 붙잡는 것에
생명 걸고 달려들어라.

소중함

진정한 보물은
저 멀리 숨겨둔 것이 아니다.

진정한 보물은
읽고 또 읽고를 반복하다 보니
손 때 묻어 너덜너덜해진 그것이다.

그런데도 만약
나름의 가치가 있다면서
방구석에 쳐박어 둔 그것이
진정한 보물이라고 말한다면

차라리 나는 내 머리를 쥐어박고는
매일의 삶 속에
가치를 느끼지 못하게 한
그 보물을 떠날 것이다.

실체

날이 갈수록 범죄들이
늘어가는 것 같다고 한다.
과연 그럴까?

내가 생각하는 범죄와
개념이 다른 듯하다.
이미 세상은 범죄로 가득찼다.

그저 날이 갈수록
마음의 양심들이 녹아져
외면으로 드러나기 시작했을 뿐이다.

이제 와서 깨끗했던 척 하지 마라.
애초에 더러웠던 범죄자 주제에.

우린 모두 사망의 몸일 뿐이다.

다스림

시간에 패배하여
쫓기는 삶이 있고

시간의 거대함에
쪼그라드는 삶이 있지만

시간을 다스리는
지혜로운 삶도 있더라.

두 사람

서로 같은 두 사람.
서로 다른 두 사람.

서로를 잘 알기에
조심스럽게 다가간다.

그러나 서로를 향한 마음은
오래 전부터 지금껏 뜨겁다.

그러던 두 사람이 얼떨결에
서로를 부둥켜안게 되니

눈물만 펑펑.

함께

네가 사랑을 품은 때를
함께 기뻐했다.

네가 눈물 흘린 때를
함께 슬퍼했다.

네가 흥에 겨워 춤을 출 때를
함께 춤을 추며 웃었다.

네가 분노했을 때를
함께 마음 아파했다.

네가 날 버렸을 때를
홀로 기억했다.

책임

내게 주어진 것에 대한 책임을 졌는가?

내가 시작한 것에 대한 책임을 졌는가?

내가 기뻐한 것에 대한 책임을 졌는가?

설마 책임을 가볍게 여겨 포기해버렸는가?

설마 책임지기 싫어 출발조차 안했는가?

그대여.
책임지는 책임보다
책임지지 않는 책임이
더 무거운 것을 잊지 마라.

행복의 진주

나는 행복이 없는
어둠으로 인식했다.

행복할 권리를 찾아
어둠을 내버리고
모두가 행복해 보이는
그 곳으로 찾아갔다.

그러나 그 곳은
은폐와 부정으로
덮여진 행복이었다.

오히려 어둠 속에
행복의 진주가 있었다.
나는 진주를 품은 채
눈물 흘리며 바다로 들어갔다.

맞대결

돈이 중요해?
정직이 중요하지!
사회생활 안 해봤냐고
또 뭐라 할 거야?

나이 지긋이 먹고
그제서야 정직이
얼마나 큰 가치인지
깨닫는 후회는 뭐냐구!

그 사람은
사회생활 안 해봤겠어?

잘먹고 잘사는 것보다
가난해도 정직한 게
옳은 삶이야!

모래사장

모래사장에
수많은 모래들.

그 중 하나는 나.
그 중 하나는 너.

잘난 듯 뻐팅겨도
결국 모래 한 알.

못난 듯 징징대도
결국 모래 한 알.

교만할 필요도
낙심할 이유도
없는 세상.

헌신

누군가의 피를 대신해
피를 뒤집어쓰고 사는 삶.

매일같이 다른 이의 삶을 위해
자신의 삶을 포기하고

권리도, 이익도, 그 무엇도
주장할 새 없이 바쁘게 움직이는
온전히 헌신된 삶.

과연 이러한 삶도
기쁘게 받아주실까?

웃음

함께 웃었다.
마음의 지침에
큰 힐링이 된다.

여전히 고민은 풀리지 않았고,
맡겨진 것도 그대로면서
뭐가 그리 행복한지.

그래도 이러한 시간이 있기에
사람이 삶을 끝까지 끝까지
살아낼 수 있는 것이 아닐까?

다시

함께 즐거움을 느끼다가
서로 각자의 자리로 돌아갈 때마다
느껴지는 아련함이 있다.
그리고 그러한 감정을 보며
당시에는 우리의 관계에 대해
회의감을 느끼기도 하고,
깊은 유대를 느끼기도 한다.

그러나 먼 훗날 정말로 떠날 때면
그렇게 쌓였던 깊은 추억들이
하늘에 대문 열려 쏟아지는 비처럼
더없이 와장창 쏟아질 것이다.

그 때에 벅차오르는 슬픔을
이겨낼 수 있는 것은
다시 만날 것이라는 소망뿐이다.

Mix

어떤 사람과 함께할 때면
나는 모든 것이 고요해진다.

생각도, 행동도, 언어도
모두 고요해진다.

이것은 분명한 나다.

어떤 사람과 함께할 때면
나는 모든 것이 활발해진다.

생각도, 행동도, 언어도
모두 활발해진다.

이것도 분명한 나다.

마음의 포효

사랑하는 것에 대하여
마음껏 이야기 할 수 있다면 참 좋겠다.

잠잠히 확신에 찬 눈으로
뜨거운 심장을 손에 쥐며
마음껏 이야기 할 수 있다면 참 좋겠다.

그것을 잃을 때는
눈물을 펑펑 떨어뜨리며
찾을 때까지 돌아오지 않고,

그것을 지나쳤을 때면
두 주먹을 불끈 쥐며
성난 호랑이 마냥 부르짖는

그런 삶을 살면 참 좋겠다.

이름

하늘의 저 수많은 별들도
모두 이름이 있을 것일 터.

그 수많은 이름도
분명 정성스레 지어졌겠지.

그 별들도 모두
이름대로 살아가겠지.

이 작은 내게 주어진
값진 이름과 같이.

하루의 색깔

사람이 사는 하루에는
색깔이 있다.

어제는 주황색.
오늘은 파랑색.

그래서 시간이 지난
우리의 삶은
무지개색을 이룬다.

매일의 색이 변하기에
아름다운 우리.

알람

자발성이여 깨어나라
다른 누구에 의해서가 아닌
내 안에서 깨어나라.

나의 능력과 마음을
쏟아붓도록 깨어나라.

자발성을 깨울 수 있는 것은
내 자신 안에 살아있는
뜨거운 화염뿐이다.

그러나 깨어나지 않으면
나는 영원히 죽는다.

나태의 장벽을 부수고
나를 쪼개 수용하라.

거꾸로

평안히 길을 가는 중.

어떤 사람이
어디로 가냐고 묻는다.

그러더니
우리의 길이 틀렸댄다.
우리의 길이 반대랜다.

그런데 이상하게
우리의 고집이 꺾일 때까지
이 길이 아니라고 한다.

확인해보니 진실.
그제야 우리는 감사함을
부끄러움과 함께 느낀다.

빛의 통로

나무들이 지저귀고
하늘이 감싸준
강변 도로.

충만함이 덮은
목적을 향하는 길.

어둠이 밝혀지고
빛이 드리워오는
밝은 그 길.

우리는 그 길을
오래참음과 즐거움으로
끝까지 달리리라.

마침표

마침표가 끝은 아니다.
지금도 독자는
새로운 시작을
보고 있다.

마침표는 바톤이다.
이전 것에서 새 것으로
이동해야 하는 바톤을
받게 된 것이다.

세상에 있는 동안
수없이 찍게 되는
마침표는 그런 것이다.

이에 나는 내 삶의 곳곳에
마침표를 찍어댄다.

약속

무엇 하나 놓치지 않는다.
두 마리 토끼 다 잡는다.
아니, 모든 토끼를 다 잡는다.

날 반역한 녀석도
내가 사랑하겠다고 했으니
후회하지 않고 잡는다.

날 모르던 녀석도
내 공평을 다하여서
내버려두지 않고 잡는다.

내 입에서 나온 모든 말
목숨 걸고 지켜내고 만다.

자비

망령되며 욕이 난무하고,
음탕하며 잔인하고,
추악하며 더러운 백성.

피흘림과 괴멸스러움,
식인과 강간의 팽배,
중독의 늪과 환각의 백성.

마치 그 속에서
계속 있다 보면
내 정신까지 휘까닥
돌아버릴 것만 같은 그런 백성들.

헌데 어찌 저 왕자는
저리도 차분히 밭에 앉아
순결의 씨앗을 뿌릴 수 있는 건지.

디자인

목적의 실체화를
이룬다는 것은
상당히 까다롭다.

그러니 삶에 대해
디자인을 이끌어낸다는 것은
까다롭지 않을 수 없다.

삶뿐이랴.

만물이 목적을
가지고 있지 않은가?

그저 세상의 디자인이
새롭게 보일 뿐이다.

나

나는 어디서야 나로 존재할 수 있나.
나를 찾아도
나를 발산하지 못하는
모습을 가진 나.

나의 나됨을
자유롭게 표현하고
자연스레 전달하는
그 모든 것이 버거운 나.

표현해본 적이 없는 게 아닌데
스스로가 무의식 안으로 내뺀
숨바꼭질의 나.

나는 언제서야
그 두터운 땅을 다 들어낼 수 있나.

창 밖

시간은 곧 변화다.

이는 우리가
기쁨과 슬픔의 톱니바퀴에
낑겨있다는 소리다.

인생이 어렵다고
상황을 피하려 하지 마라.

어차피 우리는
시간 속에 낑겨있다.

그러므로 이제는
창밖을 보듯 시간 밖을 보라.

외침

외친다는 것은
의미가 있다.

지혜는 동의를 얻고
설득은 고려하지만

외침은 누군가의 의견에
좌지우지 되지 않기 때문이다.

외치는 자의 정당한 의견은
그저 세상을 조금씩
변화시켜 갈 것이다.

실력

냉철하고 명확하게.
침착하고 예리하게.

감동하고 열정있게.
통곡하고 뜨겁게.

부지런하고 끈기있게.
신속하고 배려있게.

문지기

골키퍼가 되라.

가장 많은 것을 보면서
누구보다 많이 파악해라.

저 위로 솟은 적병의 머리보다
높이 손을 들어 쟁취해라.

내게 발사되어 오는 무기를
튕겨내고, 잡아내고, 막아내라.

만일 실패하거든
누구보다 크게 분노하며
앞길에 힘껏 내어 맡기라.

의미

지금 이 날의 피곤이
기쁨의 충만함을 더하리라.

피곤이 이길 수 없는 사랑이
승리의 깃발을 들리라.

사랑할 수밖에 없는 이유가
날 먼저 사랑했노라.

주저 말고 당장 사랑해라.

9월 September

저 높은 곳을 향하여

문

기대로 문을 열었다.

아직 이루어진 것 없고
발을 디디지는 않았으나
기대로 열기에는 충분했다.

감사로 문을 닫았다.

성공도 실패도
끝까지 달릴 수 있음에 대해
감사를 막을 수 없었다.

사랑의 목표

선물에 대한
기대와 응답만을 갈구한다면
한참 잘못된 사랑일 것이다.

서로에 대한
소식과 상황으로 만족한다면
꽤나 이상한 사랑일 것이다.

개인을 위한
욕망과 만족으로 이용한다면
죽어 마땅할 사랑일 것이다.

참 사랑이란
서로와 서로가 하나 되어지는
완전무결의 일치만이 목표다.

반성

당황스러움이
내 이성을 뺐었다.

뭣도 못한 채
나는 그저 어버버.

내 결말도 이러할까.

조금 냉정함을 갖고
살아갈 필요가 있을지도.

명령

너보고 결심하라 한 적
내게는 없다.

나는 네게
마음이 흔들리라 한 적
단 한 번도 없다.

그저 내게
마음을 쏟아라.
그저 나를
따라오라.

다른 이였다면
네게 부담이겠지만
널 사랑하여 대신 죽은
나의 명령이지 않느냐.

인생등산

화려한 곳에만
머무르려 하지 마라.

그렇다고
화려한 곳을
싫어하지도 마라.

비천한 곳을
만족할 줄 알아라.

그렇다고 비천한 곳이
전부는 아님을 알아라.

화려한 곳을 간직하고
비천한 곳으로 내려오는
발걸음을 움직여야 하노라.

열매

사람은 입의 열매로
복록을 누린다고 한다.

내 일상의 언어.
내 일상의 사상.

그것은 현재
썩은 열매를 내는가,
풍성한 열매를 맺는가.

공유

쓸모없는 물건
서로 선물하기.

내겐 중요하지 않아도
네겐 중요할 수 있는

아름다운 마음
서로 선물하기.

너의 관심을 지나치지 않고
나의 욕구를 내어줌으로써

개인주의를 벗어난
따뜻한 세상 되기.

적극적 겸손

적극적 겸손.
이는 담대하다.

호랑이 뒤에서 우쭐한
여우와 비슷하면서도

전혀 다르게
겸손하며 담대하다.

이것은 실로
자족의 겸손이요,

약함이 자랑이며,
명확한 인식인 것이다.

분리

외적 분리가 아닌
내적 분리의 삶

사물과 맞닿아 있으면서
중심은 분리된 삶

세계와 떨어진 외적 분리는
인생을 나락으로 이끌 뿐

올바른 분리는
명철의 식견을 가진
내적 분리

해답

내 존재의 해답

그것은 변하지 않을 성질
또한 변하지 않았던 성질

내 시작과 마침도
막을 수 없는 나의 성질

그것이 가능한 전제는
내가 누군가에게 귀속되는 것

영원히 귀속되는 것

벌목

내 집이 세워지기로 결정된
숲에 들어가 나무를 패기 시작했다.
한 번의 도끼질로
나무가 베어지진 않았다.

베어질 때까지 후려 팼다.
그렇게 하나, 둘
나무들을 패다 보니
내가 지나간 자리엔
나무그루들만이 남아 있었다.

이에 내 역할은
건물을 세울 만큼의
공간을 확보하는 것뿐인데
이미 내 마음엔
아름다운 집 한 채가 있었다.

우화

시간이 소중해
달콤한 잠을 뿌리쳤다.

사랑을 위해
생각을 정리했다.

우주의 기쁨을 위해
나 한 사람이 사라졌다.

삶의 전쟁

외부로 인해 속지 말고
내 발이 디뎌야 할 곳을
지정하라.

삶의 나태와 안일에
양심이 외치는 소리를
묵인하지 말라.

경계를 늦추지 말고
죄와의 전쟁을
끈기 있게 부딪히라.

부끄러운 내 삶을 마주치면
지적됨에 갈 길을 얻어
다시 싸우라.

마음 주차장

서로의 눈초리가 오갈 때
친절한 한 마디를 건넸다면
경쟁이라 여기지 않을 텐데…

몸을 비비고 들어가야 할 때
'감사합니다'라는 눈웃음은
함께 사는 세상임을 말해줄 텐데…

독식해도 사라질 슬픔이라면
작은 선물들을 가지고 올라가는
기쁨의 연기들이 되는 것이 나을 텐데…

건네다

네가 받은 상처들은
지금 어디에 있니?

크고 작은 상처
쉽게 아물지는 않아서,

그 작은 몸뚱아리에
다 받아낸 상처들이
내 마음을 흔들어서

조심스레 물어본다.

부디 네가 받은 상처들이
널 상처 입히는 사람으로
이끌지 않았으면 하는 마음에.

결심

꾸준하게 사랑하리.
꾸준하게 사랑하리.

사람 마음이란 것이
버티고 버텨보지만
포기를 생각할 때가 있는 법.

꾸준하게 사랑하리.
꾸준하게 사랑하리.

벌어진 틈에 자잘한 못 박혀
아물지도 못한 포기를 결정할 때
그럼에도 꾸준하게 사랑하리.

밤하늘

밤하늘이 흐려
빛이 보이지 않습니다.

저 하늘 위에는
분명 밝은 빛이 가득할 텐데

우리의 악함이
하늘을 가리웠나 봅니다.

눈앞에 화려한 빛은
넘실대도록 가득한데
저 하늘의 빛은
너무도 감춰져 있네요.

하늘을 향한 신뢰만이
볼 수 있는 별들인지라.

귀향

날 맞으러
버선발로 뛰어오는
내 아버지.

아버지 맘도 모르고
너무 멀리만 갔더어라.

그동안 날 잊지 않으신 채
그리워 한 아버지를 마주하니

미안하고 부끄럽고 자시고
당장 달려가서 품 안에
안기지 않고는 못 배기겠더라

운행

날 때부터 내 자리는
정해진 채로 태어났다.

집안이 정해졌고
천성이 정해졌고
마주할 세상의 첫 모습이
정해져 있었다.

세상은 내게 무엇을 원하는지,
나는 누구인지 알려주지 않은 채.

그저 인간으로 부름받아
오묘한 채.

자존감

무엇도 주저할 것이 없다.

그 누구도 날
움츠러들게 할 수 없다.

나 자신조차도.

무너져도
다시 일어날 수 있다.

날 사랑한다고 하시는 이가
누구인지 알기에

우리의 욕됨

완벽하다는 것은
부끄러움이라는 감정을
전혀 알지 못한다.

무엇 하나
부족하지 않기에
부끄러움을 알지 못한다.

즉, 부끄러움이란
순전히 연약한 자들의 심연이요.

그러나 마땅히 가져야 할
연약한 자들의 양심이라.

다짐

다른 이의 욕구를
무시하지 아니하되

그들의 생명을 위해
과감히 돌진한다.

나의 권리를 포기함으로
내가 무시 당할진 몰라도

가장 귀한 이름이
존재한다는 것만큼은
목숨을 다하여 추앙한다.

불가시적 능력

순결함은 능력이라.

제 아무리 고귀한들
오물칠로 덮였다면

당장 사용하고자 해도
사용할 수 없기에

깨끗한 종류라야

열심과 성실로 나아가는
주인에게 능력있는 것이라.

소리(1)

갈라지고 말라비틀어진
거대한 평지가 울부짖는다.

자신의 혀끝에
물 한 방울만이라도
묻혀달라고 쩍쩍 갈라지며
소리를 질러댄다.

그러나 땅의 기대와 달리
하늘은 잠잠하였고

오히려 생각하지 못했던 현실에
그저 어안이 벙벙해졌다.

'<u>스스스스스</u>슥'

소리(2)

'스스스스스스슥'

물이다..!!

하늘이 잠잠한 줄 알아 낙망하였는데

저 밑에서부터 물이 솟아오르고 있다.

물 한 방울이라도 좋다.

나의 이 갈라진 혀끝을 채워다오.

'콰콰쾅!! 콰쾅!! 콰콰콰쾅'

거대한 평지 이곳 저곳에서

누구도 보지 못한 위대한 분수쇼가 일어났다.

소망 꺾인 이 곳이었거늘

소망을 뛰어넘는 경영의 손길이여!

말로 다할 수 없는 달콤함을

어찌 이리 아름다이 선사한단 말인가.

역지사지

모든 만물에 말할 수 있는 입이 달려 있다면
그들은 원망과 탄식을 우릴 향해 내던지리라.

길바닥이 말하기를
"더러운 짓을 일삼는 너희여
내가 너희의 길이 되다니 수치로다"

입고 있는 옷이 말하기를
"너의 수치를 가리고
너의 사치를 만족시키는
나를 차라리 불태워라 괴수여"

만물에 충만한 공기들이 말하기를
"오물의 틈에 있는 것이 낫겠거늘
음란하고 마음이 추악한
너희를 살리는 내가 한탄스럽도다"

저 높은 곳을 향하여

이기는 삶이 있으나
언제나 이기는 삶은 아니다.

때론 예기치 않게
쓰라린 패배를 맛보기도 하고

질 수밖에 없는 싸움이나
싸워야 하는 경우도 있다.

그러나 우리의 눈은
끈질기게 승리를 바라며

착실하고 예리하게
발걸음을 재촉한다.

치료의 숨

밤공기가 좋은 날엔
노래를 불러요

우우 우우
숨 파파 라파 라파
호잇 호잇 호잇

어두운 이 그늘에
다시 한 번 노래를

숨 파파 라파 라파
호잇 호잇 호잇

세상에 생명 불어 넣듯
숨 파파 라파 라파
호잇 호잇 호잇

헵시바

한 번의 미움이
영원한 미움이 돼버리고

한 번의 실망이
돌이킬 수 없는 실망으로
낙인 찍혀 버리기 마련인가.

처음 고백과 같이 다시
사랑하는 마음으로 본다는 것이
마치 견고한 성문을 뚫기보다

어렵고 어렵고 어렵다.

그렇게 어려움을 겪고 나니
그제서야 내 눈에 보여지는,
마땅히 실망스럽고 미운 날 향한..

뺏지마오

내 마음을 뺏지마오.

재물이 사라지는 것보다
마음 뺏기는 것이 두렵고

사람이 떠나는 것보다
마음 뺏기는 것이 두렵건대

내 마음을 뺏지마오.

열정으로 타는 불 안에는
무엇을 던져도 불살라지려니와

불의 마음이 식어버리면
무엇을 태울 수 있단 말이오.

10월 October

떠날 수 없는 향기

영역

서로가 해결할 수 없을 때
누군가의 도움이 필요할 때

존재하는 모든 인격적인 것은
서로에게 터치할 수 있는 부분이
각기 정해져 있는 법.

그렇기에
때론 따스함이 가능하나
때론 침묵해야 하는 법.

사랑하는 마음은 변하지 않아도
표현할 수 있는 한계는 언제나 가득.

충만

바람 없는 공은 그저
가죽 덩어리.

우리 또한 그러하면
가죽 덩어리.

쭈글쭈글한 풍선은
파티룸의 뒷구석.

우리 또한 그러하면
잔칫집의 뒷구석.

주제파악

움직이는 지하철
창문 앞에 선 내 모습

어두운 밤 비춰지는 나는
보잘 것 없는 주제 화려했다.

내 옷이 너무 화려했고
내 눈빛이 너무 화려했다.

뭐 그리 잘났다고.

그만 화려하자.
역겹고 추하다.

애락

사람의 방어본능이란
매우 위선적이다.

그런데 우리는
그 위선이 있어
멀쩡히 살아간다.

슬픔을 기쁨으로 무마하고
기쁨을 슬픔으로 잊는다.

그러므로 지금 이 시간
나를 다시 점검하며
내가 품어야 할 감정을
솔직하게 품기로 한다.

빗줄기

우리의 세상은
예민하고 예민하다.

자신의 소견으로 예민하기도 하고
들이닥친 감정에 예민하기도 하고
선물받은 권리에 예민하기도 하고
갖가지 이유들로
예민하고 예민하다.

평정심을 가지려 떠나도
예민함은 버리지 못하고
자신도 모르는 곤두세움으로
예민하기만 하다.

예리하지 못하고
예민하기만 한다.

떠날 수 없는 향기

금세 싫증나고
금세 마음이 떠나며
금세 새로운 것을 바라는

온정 없고 냉혈한 나의 욕구가
끈질김이란 단어를 완강히 밀어낸다.

그러므로 현재 내 삶이
끈질기게 붙잡는 것들은

매일의 새로움을 주거나,
매우 특별한 의미를 선사하는
매력적인 향수임에 분명하다.

동네 골목

떠나는 사람
붙잡지 않고

오는 사람
말리지 않되

떠나는 사람에게
마음을 몽당연필로 주고

오는 사람에게
마음의 대문을 열어놓으며

곁에 있는 사람에게
마음의 성냥을 나눠주자.

무지개를 잡으러

잡았다 싶으면
저 멀리 도망가고

또 잡았다 싶으면
저 멀리 도망가니

언제쯤 잡힐까.

저 멀리 갈수록
나도 멀리 갈 터인데

저 아득한 곳에는
뭐가 있을까.

사랑의 채찍

사랑의 채찍을
달게 받으라.
참된 평온함은
완전한 사랑의 관계 안에
존재하고 존재하노라.

그것을 위한
사랑의 채찍은
심히 달콤한 것이요,
충만히 기뻐할 것이라.
사랑의 채찍이 없다면
사랑에서 버려진 것이노라.

양심과 인격에
사랑의 채찍을
달게 받으라.

역할

서늘한 밤공기를
안아주지는 않지만

서늘해진 밤공기를
마법으로 만들어주는

그대는 달.

넘어진 그대를
일으켜주지는 않지만

넘어진 그대와
함께 발걸음을 이어나가는

그대는 운동화.

피차일반

인생이란
거기서 거기인지라.

아무리 먼 거리의
인생길이라도

우리의 마음은
그리 다르지 않네.

다만 우리가 스스로
마음을 가두고
특별한 척 하지 않는다면.

불문

나와 함께 걷자.

우리 마음을 합하여
새로운 계획을 세워나가자.

자주 만나기도 하고
서로의 마음을 알아주며
인생의 희노애락도 나누자.

말로만 인생친구가 아닌
진실된 인생친구가 되자.

때론 함께 투쟁하고
때론 서로 위로하며

우리 함께 걷자.

저 멀리

너 거기 서있거라.
도망하지 말거라.

너의 부담감과 메마름을
모르는 것이 아님에도
말하는 것이니

너 거기 서있거라.
도망하지 말거라.

너의 생각이
현재의 괴로움에 집중될 때
나의 두 눈은
저 멀리 영광을 보았노라.

살아있다는 증거

화가 나면
미간이 찌푸려지고

기쁨이 오면
어디로든 웃게 되고

앞을 보고 싶으면
뭐라도 움직이게 되고

사랑을 하면
사랑을 표현하게 되는 법.

진실로 느끼면
진실로 움직이게 되는 법.

증명 (1)

살다보면
대답해야 할 때가 있다.

지내다보면
증명해야 할 때가 있다.

매일의 삶도
어김없이 중요하지만

그 때를 놓치면
후회가 끝없이 밀려온다.

증명 (2)

매일 찾아오는 불편한 손님.
뭐 어쩌겠는가.

나를 포기하고
매일 환대하라고
배워왔으니.

최대한 인자하고,
최대한 단호하게.
최대한 오래참고,
최대한 정확하게.

그러던 어느 날 밤.
바쁜 삶에 불쑥 찾아오더니
그는 내게 가장 소중한
가치에 대해 질문해주었다.

증명(3)

30분간의
길고도 짧은 대화.

나는 중한 아픔을
받아들였고

우리의 아픔을
공유하여

절망 속에
희망을 증명했다.

그리고는
선택의 여지를
남겨놓은 뒤
증명을 마쳤다.

소낙비

내 뼈를 조립함으로
내 마음 무겁게 하는도다.

나를 아무도 찾지 않을 때
나를 먼저 찾아와주니

다른 것들과의 분리를
기이하게 느끼는도다.

잠에서 깰 때마다
식별하여 느끼고 싶고
숨을 쉬며
매일을 누리고 싶도다.

소낙비 내리듯
내 마음이 풍요로워
좋아 죽고, 죽겠구나.

사랑스러움

네가 사랑스러운 이유는
널 사랑하는 이가
언제나 널 사랑하기 때문이다.

만일 너가 사랑받지 않았다면
너의 그 사랑스러움은
은밀한 데 감춰졌으리라.

결국 사랑스러워서
사랑스러운 인간은 없고

사랑 받아
사랑스러운 인간이
사랑스럽다.

자존심

아는 게 쥐뿔도 없는데
나의 대답은 대답을 알고 있어야 했고

내 마음은 차가운데
나는 누군가에게
따뜻한 사람이어야 했다.

나는 사랑받기만 좋아했지
사랑을 베풀기는
지저분하게 못하는 놈이었다.

어느새야 영화같은
따뜻함을 선물하고
어느새야 눈물로 적시는
뜨거운 사랑을 한다는 건지

자존심만 꿈틀대는 채로.

그런 마음

대화를 하다보면
왜 그런 거 있잖아.

누군가는 대답을
해줬으면 좋겠고,

누군가는 대답을
들어줬으면 좋겠는
그런 마음.

나도 그래야 하지 않을까?

귀를 열기도 하고
입을 열기도 하는
그런 마음이 필요하지 않을까?

화창

마음이 잡히지 않아
헤매다가 앉은 뒷자리.

숨을 고르고
생각을 정리하며
깊은 탄식 크게 내쉰다.

그 때 저 멀리 불어오는
진실하고 정직한 명지바람

마치 나의 모든 것을
알아주는 듯한 따스한 온기.

이에 내 꽁꽁 얼었던 슬픔이
볼줄기를 따라 뚝뚝 녹아내린다.

토닥임

토닥여주는 그 손이
내겐 위로가 되었다.

손을 뻗어 악수로
인사를 건넨 그 마음이
매우 친절하게 느껴졌다.

눈을 보며
싱긋 웃어주는 배려가
지친 마음을 토닥여주었다.

순리

세상엔 파괴되어야
강해지는 서넛이 있나니

뽑힌 뒤에야 완성되는 영구치와
찢어져야 더해지는 근육과

사용하기 위해 녹이는 쇠와
실패해야 깨닫는 행복이니라.

그만

사리에 취하여
부리는 횡포.

사리에 취하여
품은 은밀한 악심.

다른 악심인지라
사리를 비난하는 악심.

다른 횡포인지라
횡포를 비난하는 횡포.

상대적 선이기에
우월하다 하는 거만.

도대체 무엇이 더 나은 삶이기에
공평을 넘어선 멸시가 있는가.

가을 갈대

"말도 안 돼"
라고 하던 자리에
오늘은 내가 섰다.

"절대 안 해"
라고 당부했건만
이젠 내가 나를 모르겠다.

"걱정하지마"
라고 신신당부 했으나
걱정시키고 말았다.

"용서 못해"
라고 하던 고백도
그와 같이 장담할 수 없겠지.

념

지칠 줄 모르고
도망만 가려 하는구나.

제발 멈춰다오.

어찌 좋은 것들이
그토록 많았음에도

고작 미약한 입김으로 인해
정처없이 흔들리는 거니.

콱 박혀 있거라.
너 떠도는 념이여.

아울러

투박한 나를
울게 하시네.

울게 하시네.
울게 하시네.
울게 하시네.

투박한 나와
울어주시네.

울어주시네.
울어주시네.
울어주시네.

야행

몸이 추운지도 모른 채
그냥 뚜벅뚜벅.
뚜벅뚜벅.

홀로 걷는 이 길을
함께 걸어주시겠습니까?

작은 소리에도 깜짝,
밀려오는 피곤함에 꿈뻑.

차가움이 가득한 이 손을
따스히 잡아주시렵니까?

주춤거림

하루를 의미 없이
푹 쉬자니
지레 겁이 났다.

쉽게 쉽게 가도 될 만큼
무른 꿈이 아니기에
지레 겁이 난다.

선언

포기해야 할 것을
포기하겠습니다.

지금껏 우왕좌왕하며
결정내리지 못한 것을
이제는 포기하겠습니다.

격렬하게 뿌리침으로
마음에서 내쫒겠습니다.

설령 마음에 들어오더라도
그 때는 쉽게 쫒아낼 만큼
과감히 포기하겠습니다.

11월 November

주인 있습니다

최소한의 배려

항상 어딜 가든지 3천원은 들고 다니자.

나쁜 마음을 품고
착함을 요구하는 사람이라도
그만한 상처가 있는 사람이니
1,000원으로 돕고,
몸과 마음이 무너진 채
착함을 요구하게 된 사람도
먹고 살만한 용기는
이기적으로라도 얻을 수 있도록
1,000원으로 돕고,
실수로 지갑을 놓고 나와
버스조차 타지 못하는 사람도
집은 돌아갈 수 있게
1,000원으로 도와주려면.

결국 그들이 나고 내가 그들이니까.

문제와 변화

인기 있던 어느 계곡은
이제 쓰레기 계곡이라 불린다.
유명해지다 보니 사람이 많이 찾았고
계곡 근처는 그 후 언제나
쓰레기로 뒤덮여졌기 때문이다.

그리고 어느샌가
매일 치워도 매일 쓰레기가
가득한 현상이 일어나기 시작했다.
더 이상 사람이 찾지 않고
청소부들만 영문 모른 채
죽어라 고생한다.

그 때 들려오는,
계곡의 시작점인 최상류 쪽에서의
한 청소부의 외침.
"여기에 쓰레기가 쌓여있어!!"

혼암

어두운 동굴.

그 속 한 송이의 꽃.

한번만 바라봐주세요.

한번만 이해해주세요.

청춘

내 뜻대로 되는 것이
하나도 없다는 것.

식상해도
이것이 나를 표현합니다.

그래서 난 일평생 청춘입니다.

바닷가

썰물을 처음 보는 자는
적잖이 당황합니다.

저 거대한 물들이
눈에 보일만큼
순식간에 사라지니까요.

하지만 밀물과 썰물의
개념을 이해한 자는
당황하지 않고 오히려
갯벌을 즐기러 갑니다.

그 순간이 결코
위기가 아니라
기회임을 알기 때문이죠.

밝음

네가 어둔 그늘에서 나온 날
내가 얼마나 기뻤는지.

아직 제대로 눈은 못 떠도
네가 내 눈 앞에 있다는 사실이
그저 즐겁기만 하구나.

행복해.
너로 말미암아.

네가 세상에 나와서
내 세상이 밝아졌으니까.

과식

배부른 구름이
비를 토하고

가득 찬 쓰레기통이
쓰레기를 뱉어버리고

잎새가 예뻐지려다가
낙엽 되어 떨어진다.

사냥개

분노한 사냥개가 있음을
기억하고 살아가라.

우리의 피 흘린 흔적들을
끝까지 추격해내어

날카로운 이빨로
씹어버릴 사냥개가

오늘도 배반의 피를 흘린
우리를 노려보고 있기에.

정신

뜨거운 햇살.
한 할아버지가 여위신 몸으로
땀을 뻘뻘 흘리시더라.

박스들로 채워진
리어카를 끌고
언덕을 오르시니..

이에 도와드리고자
할아버지께 '제가 끌게요' 라고
자신있게 말하려 했으나
결국 뒤에서 밀어드리기만 했다.

나이가 들어도
일하기를 포기하지 않은
한 남자의 눈빛은
뜨거운 햇살보다 강렬했기에.

제발 점검만 하지마!

5지선다형 설문지가
현재 우리의 길에도 있다.

매우 나쁜 길.
나쁜 길.
보통 길.
좋은 길.
매우 좋은 길.

이 중에 나는 어디일까?
그 기준은 무엇일까?

힘

세상을 살아갈 힘은
결국 믿음이다.

보이는 것도
나를 혼란스럽게 하고

보이지 않는 것도
나를 혼란스럽게 하는

바로 이 때에

우리의 힘이 되는 것은
결국 믿음이다.

그 날에는

새벽녘 울리는
잔잔한 피아노 소리.

잠시 세상을 살면서
누리다 가는 평안.

특별하지 않은 것들이
특별하게 여겨지는
깊은 밤의 기쁨.

연합

너의 심장을
나의 심장으로 품는다.

너의 삶을
나의 기질에 채운다.

너는 그대로 너로,
나는 그대로 나로.

혼란의 죄

우리는 너무 많은 것들에
둘러싸여 헐떡인다.

마치 지하철 인파에 쪼여
한 사람 한 사람의 동선을
일일이 신경쓰는 것과 같이
가쁜 숨을 내쉬며 분주히 산다.

어느 한 곳에 집중하는 삶이 아닌
수많은 곳에 시선만 두루 살피는 삶으로
이도 저도 못한 채 가쁜 숨만 겨우 내쉰다.

그 모든 것들이 서서히
영혼을 갉아먹는지도 모른 채.

열성

인간의 욕구가 모든 것을
빨아들이는 블랙홀과 같다면

나는 그 방향을 비틀어
영원한 것을 빨아들이리라.

인간의 욕망이 사라질 것으로는 더 이상
족하다 하지 못하는 불꽃과 같다면

이제는 영원한 것들을
영원히 태우는 불꽃이 되어

내 모든 열성을 영원히 쏟으리라.

어긋남

어느새 우리는
낭만적 사랑에 심취했다.

낭만적 사랑이란
사실 사랑의 일면이며

실제로는 사람이 만든
일면의 극대화이거늘

우리는 마치 사랑이
낭만적이지 않다면
사랑이 아닌 마냥 사랑한다.

곧, 나의 기쁨

목적을 향한 힘씀은
곧, 나의 기쁨

수고할 수 있음은
곧, 나의 기쁨

때론 분하고,
때론 답답해도
곧, 나의 기쁨

나는 오늘도
목적으로 숨 쉬니
곧, 나의 기쁨

가을이 깊어갈 때

떨어지는 낙엽이
'덩실덩실'

그댈 보는 내 시선도
'덩실덩실'

사랑의 기쁨이
날 찾아대니
어찌 아니 기쁘랴!

모든 상황 속에서
우리 모두 사랑하자!!

인사이드

내가 받고 싶은 시선은
무엇인지 생각해보라.

내가 받고 싶은 인사가
무엇인지 생각해보라.

내가 듣고 싶은 말투가
무엇인지 생각해보라.

내가 듣고 싶은 칭찬이
무엇인지 생각해보라.

내 속에서 나오는 표현들이
무엇인지 확인해보라.

가능성

조그만 담배 한 대가
뭘 할 수 있으랴.

사람을 죽이랴.

나무를 태우랴.

마음을 훔치랴.

별 볼 일 없는 그 녀석이
뭘 할 수 있으랴.

내게 있어

우는 아이도 그치게 하는

고민에 빠진 사람이 바라보는

아침에 일어나 찾게 되는

긴급할 때 꽉 붙잡는

외로워서 사랑하게 되는

어딜 가든 함께 하는

“　　”

희생

우리의 삶 속에서
발현되는 희생이란

가치와 비례한 희생이다.

목숨과 바꿀만한 가치가 있고
동전 하나 주지 않을 가치가 있어

우리는 자신의 가치를
희생으로 입증한다.

부지런함

길바닥에 쓰러진
한 줌의 바람.

발길질에 치이고,
사람 속에 들어갔다 나오고.

어디 갈까 서성이다
여행을 떠났네.

그가 들으신다

너의 억울함을
내가 듣는다.

너의 실망을
내가 듣는다.

너의 분함을
내가 듣는다.

너의 외로움을
내가 듣는다.

바램

흘러간 시간만큼
강인할 수 있다면.

지나간 아픔만큼
사랑할 수 있다면.

함께한 추억만큼
행복할 수 있다면.

기쁨의 노래

눈물이 떨어진 만큼
입꼬리가 올라가리라.

쳐진 어깨만큼
드높이 손을 들리라.

추운 겨울만큼
여름은 뜨거우리라.

슬픔의 노래

눈물이 떨어진 만큼
입꼬리가 올라가리라.

쳐진 어깨만큼
드높이 손을 들리라.

추운 겨울만큼
여름은 뜨거우리라.

영광

높아질수록 작아진 채
꾸준히 표현하는

수많은 별들과
저기 저 해처럼

겸손으로 팔을 걸어
빛을 비춰줄 수 있다면.

주인 있습니다

주인 있습니다.
함부로 사용하지 말아주세요.

모질게 대하고,
쓰다가 버리고,
가볍게 여기는 그것은
당신의 것이 아닙니다.

존재의 가치는
주인이 지정할 뿐입니다.

호소

구슬 같은 당신 눈에
괴로움에 한 맺힌 눈물이
흘러내리는 것을
두 눈으로 마주했을 때.

목소리가 떨려오고
가슴이 메어집니다.

충분히 잘하고 있습니다.
충분히 자라고 있습니다.

사랑스러운 그대들이여.
나도 그 슬픔을 알고 있습니다.

12월 December

기쁨의 날

어둔 날의 미소

나와 함께 환희의 춤을
한 곡 추시렵니까?

에워오는 시린 겨울
얼어붙는 것도 모르는 마냥
내 손을 잡아주시지 않겠습니까?

날은 짙어 어둡고
기압은 우리를 짓누르지만
함께 기뻐해보시렵니까?

빛

그것은
우리의 유일한 시야.

우리의 인생은
빛 속에 안겨진 원석처럼
각자의 빛을 반사하다가

우리의 세상이
빛으로 시작했듯
빛으로 끝마치리.

출석 확인

이름이 불릴 때마다
신뢰가 확인된다.

나의 이름이 불릴 땐
정체성이 확인된다.

나의 이름이 불리는 그곳이
내가 속한 자리인 것이다.

허름한 방구석

답답한 마음들이
천장에 달려
주렁주렁.

그것을 보고 있는
나의 작은 마음은
한없이 처량하다.

겨울이 오는지
추운 바람들도
익숙해져만 간다.

바다

바다를 보며
평안을 배우라.

수많은 생물을 품에 안고
다양한 파도를 마주하며
때에 따른 빛깔을 내되

자신의 존재를
빼앗기지 않는

바다를 보며
평안을 배우라.

기억될래요

적어도 당신에겐
좋은 사람으로 기억될래요.

다른 이의 눈초리에
짓눌려 사라진대도

적어도 당신에게만큼은
좋은 사람으로 기억될래요.

갈망

흰 바탕에
얼룩덜룩

새하얀 눈길에
얼룩덜룩

흰 와이셔츠에
얼룩덜룩

지우고 싶게 만드는
얼룩덜룩

그 아이가 성장할 때

아버지에게 버림받은
어머니에게 태어났다.

아버지에게 사랑받고 싶어
하나뿐인 동생을 질투했다.

아버지에게 버림받아
집 밖으로 내쫓겼다.

어머니와 함께 버림받아
사막에서 굶어죽게 되었다.

어머니와 함께 죽어갈 때에야
나의 고통을 듣는 이가 찾아왔다.

사랑받고 싶었던 나를
그가 찾아와 만족시켰다.

산다는 건

내게 좋은 여건이 생긴 것은
어딘가 도울 자가 생긴 것.

내가 어딘가에 소속된 것은
나와 만나야 할 자가 있는 것.

내게 슬픔이 밀려오는 것은
슬픔으로 공감해야 할 자가 있는 것.

내가 산다는 것은
이유가 있는 것.

여행

감사를 찾아서
여행을 떠납시다.

우리의 마음 속
그곳으로 떠납시다.

산과 시내로.
저 넓은 바다로.
내 마음 속으로.

태양 아래

어딜 바라보느냐.

그림자에 파묻힌
마음이 병든 자여.

더 이상 어둠 속에
헤매이지 말거라.

태양을 바라보면
그림자는 사라지노니
이제 일어나라.

포인트

어는점과
녹는점이
다르고

인화점과
발화점이
다르다.

각자의
성질을
따라서.

멈칫

그 작은 게 뭐라고
우리의 길을 막을까.

한 번의 결정
한 번의 희생.

선택하는 순간은
나를 잃어버리지만

결과를 보는 순간은
그토록 기쁘던데.

이름

당신을 향한
나의 감정은
이름을 붙일 수 없습니다.

나를 향한
나의 감정도
이름을 붙일 수 없습니다.

세상을 향한
나의 감정도
이름을 붙일 수 없습니다.

이름을 붙인다는 것은
그토록 어려운 일입니다.

애석하게도

오래된 균열로 인해
서로가 참고 있다.

잘한다고 여겨지는 사람은
잘하는 사람대로.

못한다고 여겨지는 사람은
못하는 사람대로.

서로 사랑이라는 이름으로
교만을 가진 채 참고 있다.

아, 도대체

살아가면서 되뇌는 말.
“이제야 좀 알 것 같네”

아무래도
우리는 평생
앎의 늪을 이해할 수 없을 것이다.

삶의 죽음을 미워해도
우리의 교만은 우릴 쫓기에.

위치

조용한 곳 그 언저리.

나 같은 삶이라도
필요한 곳이 있더래요.

나는 어디에 갔다 놓아도
쓸만한 데 없다 생각했는데..

내가 있을만한 곳이
어디일까 체념했는데..

혈

피투성이로다.
피투성이.

상처들로 찢어져있는
우리의 삶은 피투성이로다.

상처들로 피 뿌리는
그의 삶도 피투성이로다.

평정심

어지러운 소란들이
귓가에 맴돌 때
나의 눈은 잔잔하다.

일이 터지면
나도 함께 터질 것이고

일이 잠잠하면
더욱 잔잔해질 것이기에.

준비가 되었기에.

하늘은 하늘이

하늘에서 내린 눈덩이들은
하늘의 햇살로 녹더라.

하늘에서 다가온 더위는
하늘의 구름으로 가려지더라.

하늘은 하늘이
스스로 책임지더라.

인생 영화

한 편의 영화같이
스쳐지나가 버렸다.

아쉬워 할 틈만 남겨놓고
빠르게 스쳐지나갔다.

깊은 의미와 값진 추억들로
나를 감싸 안은 채.

내 인생 최고의 영화는
결국 내 인생이었다.

거리

날 위한 시간은
아낌없이 투자하면서

아직도 사랑하기 위한
시간에 대해서는
겁내는 내 모습에

주먹을 움켜쥐며
가슴도 움켜쥔다.

보람

드러나고 싶지 않아서
구석으로 숨을 때마다

그 어색함이
나의 이미지를 깎고

사람 앞에서의
권위를 놓치기도 하지만

세워진 의미들만으로도
만족할 수 있어서.

고요한 밤

기쁨이 터져 나오기
하루 전 날인 오늘은
특히 마음을 꾸미는 날입니다.

이에 우리는
간절히 기대한다는
의미를 가지어
마음을 옷 입히고,

충실히 사랑하자는
행동을 가지어
마음에 시계와 구두를 신기고,

기쁜 소망으로 살자는
웃음을 가지어
마음의 얼굴을 화장해봅니다.

기쁨의 날

가장 좋은 대우를 원했으나
선택은 차가운 지푸라기 위.

부푼 기대감을 가지고
선택한 것이 곧,
초라한 현실의 고통.

도대체 이러한 선택을
스스로 자처하는 마음은
얼마나 깊은 바다였던 것일까.

연약함에 휩싸이길 바랐던
그의 심정은 대체 어떤 온도였을까.

눈물바다

바닥에 머리를
곤두박질.

움켜쥔 주먹을
곤두박질.

들끓는 가슴을
곤두박질.

실행

인생의 염려로
해결되는 문제가 아니다.

우리의 염려는
뼈만 상하게 한다.

그저 할 수 있는
최선의 대책을 실행하라.

사라질 것을 두려워 말라.

부푼 꿈

일주일의 생활만
새롭게 변화되어도

이렇게 삶이 달라지거늘

영원히 새로워진다면

그 얼마나 풍요로울까.

채워지고 싶을 때

만나고 싶은 사람들이
머릿속에 떠오릅니다.

한 때 동고동락하며
시간을 함께한 자들입니다.

지금은 어디서 무엇을 할까,
요즘은 어떤 마음을 가질까
궁금증이 일어납니다.

그들이라면 지금도
충분히 잘 싸워내고 있으리라

확신하기에 더 보고 싶습니다.

마지막 나뭇잎마저 떨어뜨려야 할 시기

지난 1년,
꽃 피우랴.
열매 맺으랴.
부단히 수고했다.

이젠
마지막 나뭇잎을
그만 놓아주자.

하늘이여,
물 주랴.
햇살 주랴.
한없이 감사했습니다.

이젠
마지막 나뭇잎으로
영광 돌립니다.

만물의 마음

마치는 마음은
언제나 한결같을까.

죽음 앞에 서는 날도
이와 같을까.

나라는 존재는
아무것도 아닌 마냥
끝을 마주할 수 있을까.

스쳐간 1년처럼
스쳐간 인생,

그러나 그 속엔
아름다움으로 가득 찬
그런 인생 될 수 있을까.